KB181608

F
A
T
–
H
A
N
N
E

B
L
A
N
K

지방은 어쩌다
공공의 적이 되었나

한네 블랭크 지음, 이은정 옮김

황소자리

옮긴이 이은정

숙명여대 영어영문학과를 졸업한 뒤 전문번역가로 일하고 있다. 옮긴 책으로 《와일드우드》《언더 와일드우드》《와일드우드 임페리움》《나는 혼자 여행중입니다》《올빼미는 밤에만 사냥한다》《찰리와 소매치기단》 외 다수가 있다.

지방은 어쩌다 공공의 적이 되었나

첫판 1쇄 펴낸날 2022년 2월 25일

지은이 | 한네 블랭크
옮긴이 | 이은정
펴낸이 | 지평님
본문 조판 | 성인기획 (010)2569-9616
종이 공급 | 화인페이퍼 (02)338-2074
인쇄 | 중앙P&L (031)904-3600
제본 | 서정바인텍 (031)942-6006
후가공 | 이지앤비 (031)932-8755

펴낸곳 | 황소자리 출판사
출판등록 | 2003년 7월 4일 제2003-123호
주소 | 서울시 종로구 송월길 155 경희궁자이 오피스텔 4425호
대표전화 | (02)720-7542 팩시밀리 | (02)723-5467
E-mail | candide1968@hanmail.net

ⓒ 황소자리, 2022

ISBN 979-11-91290-11-0   03300

록산 게이와 브리트니 쿠퍼를 위해

편견과 배제투성이
세상을 바꾸기 위해

"엄마, 이번에는 무슨 책이야?" 간만에 일을 하고 있
으니 아들아이가 묻는다. "음, 일종의 페미니즘 관련
책." 갖가지 사물에 관한 온갖 정보를 에세이로 풀어낸
'Object Lesson' 시리즈의 한 권으로 원서 제목은 《*Fat*》
이지만 페미니즘 시각에서 쓰인 책이라 간단히 그렇게
대답했다. 그러자 아이는 대뜸 "그거 위험한 책 아냐?
엄마 인터넷에서 까이는 거 아냐?"라고 되묻는다.

　지극히 평범한 요즘 아이인 아들의 우려를 나도 알
만큼 요즘 일부 젊은 세대에게 '페미니즘'은 혐오 대상
이 되었다. 경험하지 않는 세상을 인터넷으로 먼저 배

우고, 자신의 경험에만 비추어 판단하니 그럴만하다고 이해하면서도 인터넷을 통해 낯선 젠더 갈등을 접할 때마다 가슴이 답답해진다. 그래서 이미 '엄마는 페미니스트'라고 말해두었고, 아들이 어렸을 적 명절에 할머니 댁에 가면 '왜 엄마만 설거지하느냐'고 물었던 일들을 비롯해 알 만한 일화를 들려주며 이해시키려고 애썼다. 그럴 때 아들의 반응은 별다르지 않다. "엄마 세대는 그랬지만 요즘 여자애들은 차별받지 않아. 여자라고 해서 대학 못 가게 하는 집도 없고, 군대도 안 가고, 취업하는 데도 남자들보다 유리하고…."

현실이 이럴진대 못생기거나 뚱뚱한 여자가 '페미니즘'을 부르짖는다면 어떨까?

이 책의 저자 한네 블랭크는 역사가이자 소설가, 페미니스트에 평생 비만인으로 살아오면서 신체와 자아, 문화에 대해 사유하고 배우고 글을 쓰며 강연을 해왔다. 그녀가 자신의 개인사를 섞어가며 이 책을 쓴 목적은 확실하다. 생존에 있어 필수영양소인 지방을 우리가 어쩌다 '악'으로 간주하며 퇴치를 부르짖게 되었는지, 역사·사회문화적으로 파헤쳐보는 것이다. 저자는 우선 지방이라는 물질의 실체를 밝히고, 그것을 점차 비만과 페미니즘 이슈로 확장한다. 어렸을 때부터 비만으로 고통받은 자기 이야기를 풀어놓기에 문장은 신랄하고 격정적이며 비판적이다.

지방 과잉이 건강을 해치고 미적으로 아름답지 않은 것은 그렇다 치고 그 '과잉'의 기준은 누가 어떻게 정했는데? 비만을 '비정상'으로 보게 된 연유는? 가슴과 엉덩이에 붙은 지방은 좋은 지방이고, 배와 허벅지에 붙은 지방은 나쁜 지방인가? 뚱뚱하면 탐욕스럽고 게으르다고? 유독 여성 비만인에게 가혹한 사회적·문화적 편견은 어디에서 비롯되었을까? 왜 여성 스스로 수치의 노예가 되고 뚱뚱하면 사랑을 받지 못할 거라고 예단할까? 그런 믿음은 대체 어디에서 왔나?

책은 이런 의문을 풀기 위해 출발했다. 거기에는 금욕하고 살찌지 않는 것을 신앙심의 증거로 간주한 서구 기독교의 전통과 '표준의 신체 치수' 또는 '평균적인 몸'의 개념을 발전시킨 산업화 및 기계화, 현대에 들어서는 '비만과의 전쟁'에 뛰어들도록 독려하는 자본주의와 상업주의와의 연결고리가 있다. 뚱뚱한 여성은 남성에게 선택될 수 없다고 가르치는 남성 중심 가부장제도 한몫한다. 저자도 강조했듯이 뚱뚱한 여성으로 사는 것보다는 뚱뚱한 남자로 사는 게 낫다고 여기며 성전환 수술을 고려하는 여성의 일화는 여성 비만에 대한 편견을 가장 극명하게 보여준 사례였다.

이쯤 되면 '비만'은 '페미니즘' 이슈가 아니라 인권 문제다. 건강을 염려해서 혹은 사회적 편견이 두려워 선의로 '살을 빼라'고 잔소리하는 부모나 주위 사람들을 탓하기는 어렵다. 하지만 그로 인해 비만인 당사자들이 겪는 모욕과 수치, 나아가 무기력감과 자기 혐오는 무엇으로 보상할 수 있을까?

누군가에게는 혐오투성이일지언정 지방이 자신의 일부인 한 저자는 받아들이기로 마음먹었다. 무력감과 자기 혐오에 빠지기보다 인정하기로 했다. 우리 몸에 반드시 필요하지만 어떤 기준을 넘어서면 사회적으로 지탄받고, 그렇다고 우리 의지로 통제할 수 없는 지방. 우리가 아무리 길들이려 해도 길들여지지 않고, 우리 기대에 굴복하지 않고, 인간의 의지로부터 완전히 독립된, 경이로우면서도 위험한 지방을 '숭고하다'고 정의하기로 했다. 나아가 그 숭고함을 몸에 지니고 사는 우리도 숭고하다고 자신을 긍정하기로 했다.

돌아보니 뚱뚱한 몸을 가지고 살아온 덕분에 변방인으로서 예민함과 분별력을 길러야 했다. 비만을 통해 자기 인식을 확장하면서 같은 처지의 배제당한 이들과 연대해 인생을 설계하게 됐고, 비만에 대한 편견으로 가득한 세상을 변화시키려는 강력한 동기를 갖기에 이르렀다고 인정했다.

요즘은 얼굴뿐만 아니라 '전신사진'을 찍어 SNS에 올리는 게 유행이라고 한다. 사진 한 장을 남기기 위해 3개월간 탄수화물을 제한하고 운동으로 몸을 만든다는 이야기를 들었다. 갖가지 부작용을 감수하면서까지 '인싸'가 되려는 열풍 이면에는 도저히 통제되지 않는 지방으로 인해 무력감에 빠진 이들도 있을 것이다.

바로 그런 사람들에게 저자의 목소리는 강력한 경종을 올린다. 언제까지 숫자에 매달려 자신을 혐오할 것인가? 어디 '비만' 문제뿐일까. 점점 심해지는 사회·문화·계층적 균열의 틈바구니에서 배척당하며 편견의 대상으로 내몰리는 모든 이들에게 이 책의 메시지는 예리한 죽비이자 각성제로 기능하리라 믿는다.

개인적 차원에서 세상을 바꾸는 것은 너무도 어렵다. 게다가 모든 변화에는 시간이 필요하다. 하지만 느려 보여도 꾸준히 실천하는 사람들 덕에 세상은 조금씩 나아간다. 그러는 동안 이 책의 저자처럼, 또 《헝거》의 저자 록산 게이의 말처럼 자기 혐오에 빠지지 말고 연대해서 외쳐야 할 것이다.

나는 아들에게 늘 말한다. 페미니즘은 남성을 위한 것이기도 하다고. 가부장제는 남성이 불행한지 아닌지에 관심이 없다고. 가부장제는 남성에게 권한과 함께 책임을 주지만 무섭게 달라지는 세상에서 그 책임을 남성 혼자 감당하는 건 너무도 버겁고 가혹한 문제가 되었다고. 그러니 같은 인간으로서 책임을 나누어 지자고 말하는 것이 바로 페미니즘이라고.

2022년 1월, 이은정

우리는 지방을 너무 모른다

"나 요즘 살찐 것 같아." 운동을 마치고 라커룸에서 옷을 갈아입는데 근처에 있던 여자가 제 친구에게 말했다. 나는 그녀의 찡그린 얼굴을 슬쩍 훔쳐보았다. 그녀가 둥그런 아랫배 위로 꽉 끼는 청바지의 지퍼를 올렸다. 팽팽한 천 아래 엉덩이뼈가 툭 튀어나와 있었다.

나는 앉아서 양말을 신으며 혼자 생각했다. 자신이 살찐 것 같다고 푸념하는 저 여성은 불과 3미터도 떨어지지 않은 곳에 정말로 살찐 여자가 있다는 사실을 알기나 할까. 그녀는 꽉 끼는 탱크톱 위로 편안하고 헐렁한 캐시미어 스웨터를 걸치며 자신의 '뚱뚱함'을 불평

했다.' 반면 나는 허벅지를 누르는 거대한 배를 내려다보며 묘한 편안함을 느낀다. 신축성과 흡수성이 좋은 운동복 상의는 나의 살찐 등과 배와 가슴을 사방에서 한꺼번에 짓누르며 온몸의 감각을 민감하게 만든다.

가슴만이 윤곽 속 지방의 양 때문에 사이즈가 달라지는 유일한 신체 부위는 아니다. 또 격렬한 움직임에 충격을 받고 불편하게 느껴지는 유일한 부위도 아니다. 나는 압축 천이 주는 편안한 압박을 좋아한다. 그 옷으로 인해 살집 많은 등이나 옆구리 등 나의 신체 일부를 의식하게 되지만 신경 쓰지 않는다. 천이 닿지 않지 않은 한 혹은 지금처럼 옷이 온몸을 짓누르지 않는한, 내 몸에 대해서도 많이 생각하지 않는다.

이 라커룸에서는 저 여성과 내가 서로를 쳐다보지 않는 게, 서로의 말을 아예 못들은 체 하는 게 예의다. 그러나 사실상 나와 여자는 서로 대화를 하고 있었다. 우리는 각자의 방식으로 상반된 양 진영을 대표해 대화하는 셈이었다. 서로의 몸 깊숙이 확장된, 아니 그 너머 지방 혹은 체성분에 관한 진실일 수도 있고 아닐 수도 있는 내용에 대해서. 우연히 마주친 우리는 둘 다

자신이 뚱뚱하다고 느꼈지만, 우리의 경험은 전혀 공통된 기반에 근거하지 않았다.

이것은 21세기 초반 우리 일상에서 목격되는 지방의 부분적인 현실이다. 우리에게 있어 지방은 여러 성격과 실체를 갖는다. 그 인식들은 대체로 공통점이 적거나 아예 없다. 여느 물질들처럼 지방은 눈으로 보고 만지고 샘플을 만들어 연구하고 당연히 무게를 잴 수 있다. 내 쫀쫀한 운동복 속 지방이 그렇듯 지방은 느끼고 두드리고 손으로 쥐고 쓰다듬고 짓누를 수 있으며 몸과 함께 움직인다.

지방은 일용품이자 신체기관이며 없으면 생존을 어렵게 하는 생화학물질이다. 지방은 피와 뼈만큼이나 일상적이고, 도처에 존재하며, 자연스럽다. 하지만 우리가 통상 말하는 방식, 즉 강박적으로 제거해야 할 대상이라거나 건강과 생명에 해로운 그 무엇이라고만 생각한다면, 결코 지방에 대해 알 수 없다. 평생 뚱뚱한 여자로 살아온 나는, 내가 매일 느끼고 경험하는 지방이 우리 문화가 그토록 집요하게 생각하고 말하는 그 지방이면서 아니기도 하다는 것을 잘 안다.

우리는 지방을 구분짓는다. 몹시 아파서 음식을 먹지 못할 때 우리의 생명을 유지하게 만드는 지방과 허벅지에 덜렁거리는 그 흉물스런 지방이 같다고 생각하지 않으려 한다. 나아가 지방이 성호르몬 생성에 결정적으로 중요하며, 가슴과 엉덩이와 골반을 둥글고 풍만하게 만들어 준다는 사실마저 애써 외면한다. 그러면서 스스로 세뇌한다, 그토록 혐오하는 그 물질의 결핍으로 말미암아 우리가 우울감에 빠지거나 성적 매력이 떨어지거나 심지어 죽기까지 하는 불행이 일어날 리 없다고 말이다.

우리의 상상 속에서 지방은 신기한 메커니즘을 통해 흰가루병 곰팡이처럼 구체화되고, 바퀴벌레처럼 지독히 퇴치되지 않는 골칫거리로 자리 잡았다. 조지 루카스George Lucas(미국 영화 제작자이자 기업가. 〈스타워즈〉와 〈인디애나 존스〉 시리즈로 유명하다―옮긴이)는 〈스타워즈: 제다이의 귀환Star Wars: Return of the Jedi〉에서 영웅들을 위협하며 혐오감을 불러일으키는 은하계의 갱스터가 필요했을 때, 민달팽이처럼 생긴데다 인간의 젖가슴과 뚱뚱한 배를 가진 엄청나게 살찐 악당 자바 더 헛jabba the Hutt을 창조했다.

하지만 지방이 없었다면 〈스타워즈〉도, 무엇보다 조지 루카스도 없었을 것이다. 지방은 말 그대로 우리를 존재하게 한다. 지방은 우리 세포에 막을 형성하고 체온 조절을 도와주며 재생을 가능케 한다. 인간의 뇌는 약 60퍼센트가 지방 성분이다. 우리의 신경과 축삭돌기를 싸서 보호해주는 수초myelin sheaths (신경섬유 주변을 초상으로 둘러싼 피막) 또한 같은 성분이다. 지방 성분인 수초가 없으면 중추신경계의 탈수초 질병demyelination disorders 중 가장 흔한 다발성 경화증multiple sclerosis에 걸린 사람들이 겪는 것과 비슷한 증상을 경험한다. 시력 상실, 무력증, 마비, 신경 통증, 뇌 손상, 떨림, 인지능력과 기억력 손상….

또한 지방질의 뇌가 없으면 우리는 그야말로 지방에 대해 사고할 수도 없다. 심지어 지방질의 뇌가 있어도 우리는 지방에 대해 정확히 또는 제대로 이해하지 못하는 경향이 있다. 지방은 우리의 생활 속에서 너무 많은 정체와 의미를 가지고 있다. 그런 이유로 인해 우리는 지방에 대해 지나치게 반응하고 지나치게 혼란스러워하며 솔직히 너무 무지하다.

　대다수의 사람들은 기본적으로 지방fat을 사물로 인식하지 않는다. 엄밀히 말해서 지방이 무엇인지도 잘 모른다. 그 단어에 너무도 많은 군더더기가 붙어있기 때문이다. 가령 실온에서 고체 상태인 지질lipid의 한 종류를 지질 자체가 생물학적 분자 결합을 통해 자연 발생적으로 만들어낸다는 점을 기억하려면 두뇌 회로를 한참 돌려야 할지 모른다. 그 생물학적 분자들의 가장 널리 알려진 공통된 특성은 물이나 다른 극성 용매에 용해되지 않는다는 점이다. 비네그레트 소스를 샐러드에 뿌리기 전에 병을 흔들어서 식초 속 지질에 일시적 현탁이 생기게 만드는 건 지방의 이런 성질 때문이다.

　과학자들이 지방을 이 행성에 처음 생겨난 생명으로 여기는 것도 이 때문이다. 최초의 세포는 지질층으로 이루어진 작은 새장 같은 마이셀micelles이 제공하는 보호막 안에서 저절로 만들어졌다. 지방은 매우 유용하고 대단히 변화무쌍하다. 우리는 일반적으로 리놀륨, 양초, 비누, 립스틱, 서핑보드 왁스 같은 물건들이 지방과 아무런 관련이 없다고 생각한다. 하지만 서로 다른 성분들이 섞인 이들 제품에는 빠짐없이 지방이 들어있다. 지방은 어디에나 존재한다.

이렇듯 지방은 어디에나 있는데도 우리는 잘 보지 못한다. 얼핏 틀린 말처럼 들리지만 사실이다. 우리는 지방 자체를 잘 보지 못한다. 버터처럼 우리가 먹는 음식이나 치킨을 굽고 난 후 팬에 남겨진 기름때에서나 지방을 볼 수 있다. 스킨로션이나 립밤의 형태로도 볼 수 있다.

하지만 우리가 '살찐 것 같다'라고 말할 때 시선은 몸을 향하되, 우리 눈에 지방은 보이지 않는다. 스스로 뚱뚱하게 느껴질 때 우리가 보는 것은 피부 아래 지방이 축적된 곳이다. 늘어진 뱃살, 셀룰라이트, 튀어나온 옆구리살, 두꺼운 허벅지는 모두 피하지방의 증거다. 다만 눈에는 지방이 보이지 않는다. 지방은 피부 속에 있기 때문이다. 우리는 끊임없이 지방을 들먹이고, 끊임없이 그 존재를 의식하면서도 실제로는 보지 못하는 묘한 상황에 놓여있는 셈이다.

보통 사람들은 지방이 무슨 색깔인지 선뜻 말하지 못한다. 어느 경우에나 같은 색인지도 궁금할 것이다. 돼지 지방이나 소 지방은 냉장된 고깃조각을 볼 때의 그 색일까? 인체의 지방은 차가운 백색이며, 피가 없고 단단할까? 만약 우리가 자기 몸에 있는 지방을 꺼내 볼 수 있다면 어떤 느낌일까? 축축할까 아니면 건조할까, 미끈미끈한 덩어리일까 아니면 거칠거칠할까? 실온의 버터처럼 질척거리면서 말랑할까, 아니면 체온에서는 액체일까?

우리는 지방을 알기 위해 무수하게 추측을 하지만, 어느 것도 제대로 알지 못한다! 하지만 이것은 당연하다. 어떤 사물 자체에 대한 지식이 없으면 투사하고, 상상하고, 상징하기에 딱 좋은 빈 서판 상태가 된다. 그리하여 우리의 상상 속에서 지방은 수천 개의 얼굴을 가진다. 적이자, 공중 보건의 위협이고, 개인의 실패이자, 내면의 도덕적 수치가 외부에 드러나는 신호이기도 하다.

우리는 지방을 갖고 있는 것을 병적 신호이자 건강하지 못하며 치료해야 하는 상태로 여긴다. 그 사실은 우습기도 하고 참담하기도 하다. 흥미롭고, 위험하고, 놀랍기도 하며, 지극히 평범할 정도로 정상이다. 어떤 것의 실체보다는 우리에게 어떤 의미인가, 주어진 맥락이나 순간에 우리가 어떻게 느끼는가를 더 중요하게 여기기 때문이다.

우리는 머릿속, 순전히 지방질로 이루어진 뇌로 끊임없이 상상하면서, 그 물질의 실체와는 거리가 먼 수천 가지 방식으로 지방을 경험한다. 그리하여 전혀 타당성 없는 지리멸렬의 상태에 빠져버렸다. 지방은 위험하다는 사고가 굳어진 결과 스스로 빠져나올 수 없게 된 것이다.

일상생활뿐 아니라 연구와 학문에서도 우리는 지방에 대한 추정과 투사의 함정 속에 빠져있다. 생체의학만이 마지못해 인체의 지방을 위기가 아닌 어떤 것으로 여길 뿐이다. 1세기 넘는 세월 동안 지방은 루이 알튀세르Louis Althusser(1918~1990, 프랑스의 마르크스주의 철학자─옮긴이)의 유명한 말처럼, '언제나, 이미' 문제였다. 몸에 대한 이데올로기를 답습한 의사들이 보기에 과잉은 언제나 문젯거리였다. 지방이 축적된 곳은 자동적, 필연적으로 병증을 의심해야 할 부위가 되었다. 병증의 치료와 예방을 위해서라도 지방은 박멸하는 것이 최선이라는 시각도 점점 공고해졌다. 이것이 지방과 관련해 우리를 편견에 빠뜨리는 지점 중 하나다.

우리가 빠지는 또 다른 수렁은 지방fat과 비만obesity을 동일하게 보는 데서 출발한다.

둘은 별개다. 지방은 물질이다. 그에 비해 비만obesity은 라틴어 'obesus'에서 유래한 단어로, 의사들이 진단하는 병명이다. 의사들에게 라틴어는 예나 지금이나 엘리트 학문과 지식에 대한 권위의 상징이다. 모든 진단명이 그렇듯이 이 병명도 사물, 상태, 병리학적인 신체의 컨디션, 그리스인들이 고통이라는 의미로 썼던 '파토스'를 유발하는 대상과 분리되어 있다. '비만'이 '지방'과 동의어로 또는 혼동돼 사용될 때마다 '언제나, 이미' 우리에게 각인시켜온 이미지가 있다. 그것은 바로 지방이 우리의 행복과 번영의 장애물이자 건강과

평안의 적이라는 편견이다.

생체의학 밖에서의 연구 역시 같은 지점에 갇혀있다는 사실은 놀랍지 않다. 마찬가지로 과거로부터 전해 내려오는 사고 및 그들의 수사가 두 가지 중 하나를 강요한다는 사실 또한 놀랍지 않다. 선택할 것인가, 거부할 것인가.

지방 연구에 관한 학문은 부분적으로 고통의 근원으로서 거론되는, '언제나, 이미' 존재해온 지방에 대한 믿음을 거부하고자 출발했다. 따라서 지방이 골칫거리라고 우리에게 주입시키는 논리의 대안을 찾으려 노력한다. 정확히 같은 목적 아래 시작된 비판적 인종 연구나 여성과 젠더 연구, 퀴어 이론, 그리고 장애인 연구처럼 이것은 불가피한 결과다.

소외받은 전형典型들을 연대순으로 기록하고 분석하고 이해하는 작업은 본질적으로 소외에 대한 반작용이다. 인간의 몸에 그리고 인간의 몸을 통해 작동되는 소외와 권력의 이데올로기를 드러내려는 기특하고 가치 있는 노력은, 종종 강압적이고 징벌적인 믿음과 추정들, 그 수렁에 빠져 쉽게 탈출하지 못하는 상태에서부터 시작되고, 당연히 그래야 한다.

본래 큰 탈 없이 만들어진 우리 몸을 두고 뭔가 잘못되고 나쁘다며 손가락질하는 세상이야말로 모든 문제의 원흉이다. 그 사실을 자각하는 것은 우리가 수렁에서 빠져나오게 돕는 첫걸음이기에 이 책을 쓰는 지금 나는 설레고 들뜬다.

만약 내가 성공한다면 이 책은, 수렁을 안전하게 피해 가는 방법을 제공할 수 있을 것이다. 지방에 대해 생각하고 글을 써온 지난 20년 동안, 내가 지방에 대해 명확히 알게 된 점이 있다면 다음과 같다. 지방은 변화무쌍하다. 지방은 형태를 바꾸고 다양한 방식으로 나타나며 여러 수준으로 존재한다. 지방은 물리적 실체인 동시에 상상력의 산물이다. 우리는 지방에 대해 이미 알고 이해한다고 생각하며 접근한다. 21세기 서구 사회에서 살아가는 우리는 쉴새 없이 그 단어를 입에 올린다. 우리는 지방에 대해 자신만이 지닌 인식과 믿음의 정당성을 특별히 확신한다. 우리는 지방에 대해 편을 가르고 구분지어 생각하는 데 익숙한 나머지 자신이 그렇게 한다는 사실조차 눈치채지 못한다.

간단하다. 지방은 지방이다. 그것으로 끝. 게다가 아무리 얇은 책이라도 지방 줄이는 법을 알려주지 않는다면, 누가 끝까지 읽고 내용에 대해 기꺼이 말하려 하겠는가?

그렇다. 지방 특히 인체의 지방은, 지금까지 그랬고 앞으로도 여전히 복잡한 것으로 보여야 마땅하다. 만약 내가 저자로서 역할을 제대로 해낸다면 이 책은 지방을 더는 단순하고 한정적인 것으로 가두지 않을 것이다. 그보다 지방의 의미와 가능성을 기하급수적으로 배가시킬 것이다. 지방은 더 커지고 풍부해져서 우리로 하여금 이전처럼 계속해서 낡은 수렁에 빠져 허우적내는 대신 새로운 방식으로 생각할 자유를 줄 것이다.

차례

CHAPTER 1 | **지방에 관한,**
있는 그대로의 시선들

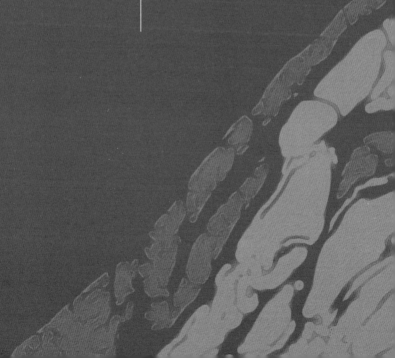

자, 늘어진 뱃살이나 이중턱, 올챙이배를 두드리며 우리가 보고 있다고 생각하지만 실제로는 못 보는 어떤 물질을 들여다보는 것부터 시작하자. 지방을 이런 식(글자 그대로 피부 깊은 곳에 존재하는 물질)으로 생각하는 것은 지방에 대한 우리의 사고를 확장하는 첫걸음이다.

다른 포유류의 지방과 마찬가지로 인간의 지방은 대체로 실온에서 고체다. 이런 특성은 지방을 구성하는 긴 지방산 분자 때문이다. 모든 지방 분자는 글리세롤 분자에 달라붙은 하나의 지방산을 갖고 있다. 지방의 종류가 매우 다양한 것은 바로 이 지방산들 때문이다. 시방산은 분지의 쌓임stack 방시 및 분자가 얼마나 단단히 쌓이는지에 영향을 준다. 어떤 것은 초콜릿의 코코 아버터처럼 입속이나 피부 위에서 녹고, 어떤 것은 상당한 양의 열이 가해져야 분자의 쌓임이 서서히 분해돼 액체로 변한다. 예를 들어 라드(돼지비계로 정제한 반고체의 기름)는 정확히 그 과정을 통해 만들어진다. 유기조직에서 순수한 지방을 얻기 위해서는 돼지의 신장 주변에 형성된 겹겹의 흰색지방을 가열한다. 열에 의해 지방은 액체로 바뀐다. 액체를 준비해둔 접시에 따른다. 접시를 실온(섭씨 20도 또는 화씨 68도로 규정화된)에 놓아두면 라드는 굳어질 것이다. 이처럼 실온에서 굳어지는 지방을 '포화지방'이라고 부른다. 반면에 불포화지방 분자는 액체로 남아있다. 이뿐만 아니라 중간포화semi-saturated 지방, 수소화 지방, 트랜스 지방 등 여러 종류의 지방들이 있다. 그들 중 어떤 것은 자생적으로 생겨나고, 어떤 것은 지방 분자의 조작을 통해 만들어진다.

하지만 이런 것들은 우리의 주요 관심사가 아니다. 이 책은 체지방을 중심에 두고 이야기를 전개할 예정이니 말이다. 인체의 지방은 실온에서 굳어지는 라드와 아주 비슷한 포화지방이다. 라드와 마찬가지로 체지방의 많은 부분은 흰색이거나 적어도 '흰색 지방'으로 불리는 것이다. 인체 지방의 경우 실제로는 흰색이 아니라 당근이나 붉은 고추, 겨울 호박 같은 식품을 통해 섭취할 수 있는 선명한 베타카로틴 색깔이 섞인 노란색인 경우가 흔하다.

색상에 따라 달라지는
지방의 여러 효능

지방은 인간의 몸 안팎에서 여러 가지 색깔로 존재한다. 우리에게 친숙한 것은 쇠기름의 크림색, 올리브오일의 초록과 노란색, 밀랍의 짙은 노란색, 팜오일의 붉은색 등이다. 인간의 경우에는 흰색(노란색), 갈색, 베이지색이 추가된다. 심지어 색의 농도에 있어서도 우리 몸속 지방은 한 가지 색이 아니다. 우리가 다량의 것들을 포함하고 있듯이 지방도 그렇다. 우리 몸속의 흰색, 갈색, 베이지새 지방은 저마다 독특한 성질과 기능을 갖고 있다.

모든 형태의 지방은 인체의 생존에 필수요소다.

흰색 지방의 중요한 역할은 쉽게 사용할 수 있는 형태로 에너지를 저장하는 것이다. 어릴 때 나는 그 이야기를 듣고 굉장히 혼란스러웠던 기억이 있다. 지방을 끔찍하게 혐오했던 어머니는 내게 지방은 추악하고 무익하며 불필요한 것이라고만 가르쳤다. 어느 날 소아과 의사가 크고 차가운 캘리퍼스(물체의 외경이나 내경, 두께 등을 측정하는 기구)로 내 토실토실한 옆구리를 꼬집어 측정하고는 지방이 어떻게 여분의 에너지로 저장되어 사람이 굶어 죽지 않게 해주는지 장황하게 설명을 했다. 그러고는 안경 너머로 나를 의미심장하게 바라보며 나는 틀림없이 굶어 죽을 염려는 없을 거라고 덧붙였다.

나는 겨울이 오기 전에 다람쥐들이 살이 찐다는 사실을 잘 알고 있었다. 클리블랜드에 있는 우리 집 뒷마당 참나무 밑에서 다람쥐들이 미어터지도록 먹이를 먹는 광경을 본 적이 있다. 게다가 텔레비전 다큐멘터리에서 긴 동면에 들어가기 전 곰들이 살을 잔뜩 찌우는

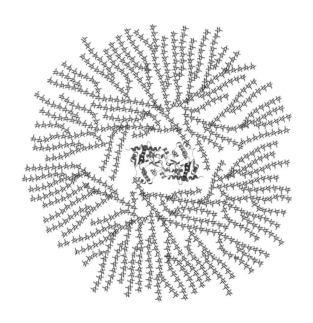

글리코겐의 구조
직선이나 곡선, 혹은 구부러진 활 모양으로 연결된 글리코겐은 간에서 글루코
스로 쪼개져 우리 몸의 에너지원이 되어준다.

장면도 보았다. 어쨌든 그런 뻔한 사실을 추론할 줄 몰랐던 나는 그제야 지방이 사람에게도 똑같은 작용을 한다는 사실을 깨달았다.

지방 세포의 글리코겐은 간에서 우리 몸이 연료로 사용하기 좋은 글루코스로 쉽게 전환된다. 글루코스가 없으면 세포는 말 그대로 기능을 멈춘다. 세포에 글루코스가 공급되지 않는 것은 산소가 공급되지 않는 것만큼 불행한 일이다. 그 두 가지 중 어느 하나, 혹은 두 가지 모두 공급되지 않으면 세포는 죽는다. 세포 수준에서 그것은 굶어 죽는 것과 마찬가지다.

다람쥐나 곰, 그 밖의 생명체에게 겨울이 종종 그렇듯이 실제 기근 상태일 때는 물론이거니와 몸이 너무 아파서 먹지 못할 때, 너무 바쁘거나 스트레스로 인해 점심 식사를 거를 때, 너무 가난해서 충분히 먹지 못할 때, 인체의 지방은 글루코스의 공급이 유지되도록 도와준다. 흰색 지방의 역할이 우리가 굶어 죽지 않게 보호해주는 것만은 아니다. 흰색 지방은 호르몬을 방출해 신진대사 조절을 도와주고 단백질 생산 과정에 관여하며 골격과 내장 기관을 격리, 보호한다.

볼티모어의 대형병원에서 처음 인턴십을 했던 방사선 전문가인 내 친구는 총상을 입고 응급실에 실려 온 사람들에게 X선을 조사照射했을 때의 이야기를 종종 들려주었다. 그녀는 실제 환자들을 직접 만나는 대신 영상만 주로 봤는데, 여러 발의 총알이나 부러진 칼날 끝, 그 밖에 놀랍고도 위험한 물체가 몸에 박혀있는 환자의 영상 기록을 받아보며 놀라곤 했다. 그럴 때마다 내 친구와 함께 일하는 외과 의사들은 웃었다. 실제 환자들을 보는 외과 의사들은 생살을 뚫고 들어가 피가 철철 나도록 구멍을 낸 총알에 대해서만 걱정하면 된다는 사실을 알고 있었기 때문이다. 나머지 장기들은 피부 아래 환자의 지방에 의해 지지되고 둘러싸인 채, 제자리에 무사히 남아있으니까 말이다.

물질대사에 있어, 그리고 때로 물질적으로 지방은 훌륭한 보디가드 역할을 한다. 이 흰색 지방에는 흥미롭게도 혈액이 흐르지 않는다. 그러나 피가 흐르지 않는다고 활성화되지 않은 것으로 생각하면 곤란하다. 대부분의 흰색 지방은 피부 아래, 다양한 두께의 피하층으로 존재한다. 피부 자체는 혈관이 매우 발달해 무수한 모세 혈관과 정맥, 동맥이 있다. 내장 근육과 장기도 혈관들로 꽉 들어차 있지만 그 주변 지방만은 그렇지 않다. 몸속 더 깊숙이 자리 잡은 흰색 내장 지방도 마찬가지다.

지방은 혈관 조직에 둘러싸여 있되, 혈관 조직을 갖지 않은 경우가 많다. 흰색 지방 세포는 혈액 순환에 직접적인 영향을 받지 않는 것처럼 보인다. 지방 세포가 인체 기능에 절대적으로 필요한 에스트로겐estrogen과 아디포넥틴adiponectin(염증과 인슐린을 조절하는 단백질 호르몬), 식욕 조절에 도움을 주는 렙틴leptin 호르몬 등을 매일 끊임없이 만들어내고 공급하는데도 말이다. 혈액이 흐르지 않아도 아무런 지장 없을 뿐만 아니라, 맡겨진 역할을 수행하는 데 필요한 화학적 신호를 제대로, 적절한 비율로 주고받는다.

더욱 인상적인 게 있다. 흰색 지방 세포는 체내의 에너지원 없이도 이 모든 역할을 척척 해낸다는 사실이다. 살아있는 거의 모든 종류의 세포를 위해 화학적 에너지를 만드는 미토콘드리아가 흰색 지방 세포에는 존재하지 않는다. 흰색 지방 세포가 자기만의 특별한 색을 갖지 않는 것도 그 이유다.

인체의 또 다른 중요한 지방 형태인 갈색 지방은 미토콘드리아를 함유하며 혈관도 풍부하다. 갈색 지방 세포는 자신만의 에너지를 만들고 열을 발생시키는, 아주 색다른 방식으로 우리의 생존에 관여한다. 아기들은 백분율 상 누구보다도 많은 갈색 지방을 갖고 있다. 스스로 체온을 조절하기 위해 최대한 많은 양이 필요하다는 단순한 이유 때문이다.

어른이 될수록 갈색 지방을 많이 잃어버린다. 성인이 되면 갈색 지방은 소량만 남는다. 비록 여성들이 남성보다 조금 더 많고, 날씬한 사람일수록 조금 더 많은 양을 보유하지만. 우리가 얼마나 많이 보유하든, 이 갈색 지방은 견갑골 사이 목 부위, 심장과 신장 주변처럼 몸에서 가장 중요하고 취약한 부분에 존재하면서 체온이 떨어지는 것을 막아준다. 이런 발열 기능은 흰색 지방에 함유된 에너지를 이용하는 것으로만 가능하다. 그리고 이런 문제는 인간이 어떻게 하면 체내 흰색 지방의 양을 의도적으로 조절할 수 있을지 연구하는 학자들에게 대단한 관심거리다.

흔한 일은 아니지만, 인체에는 가끔 이 두 종류가 결합한 지방이 있다. '베이지 팻(베이지색 지방)'은 언제나 나에게는 펑크 밴드에 특히 어울리는 이름처럼 들린다. 체내에서 이 지방은 정확히 이름 그대로이다. 흰색과 갈색 지방이 섞여 베이지색처럼 보이는 것이다. 베이지색 지방은, 갈색 지방처럼 흰색 지방 세포를 이용해 열을 발생시킨다. 그리고 흰색 지방처럼 나중에 쓰기 위해 글리코겐을 저장한다. 베이지색 지방은 쇄골과 척추를 따라 분포한 갈색 지방보다 훨씬 적은 양만 존재한다.

몇 온스밖에 안 되는 이 '특수 지방'은 소량이지만 강력하다. 인체가 예측할 수 없는 세상에서 생존하고 번성하는 데 필요한 신체적 조건을 유지하도록 도와준다. 베이지색 지방은 지방이 생존 기제로서 잘 이용되도록 모든 측면을 깔끔하게 조화시킨다. 효율적이고 유용하게 멀티태스킹을 하는 능력이 있어 보인다.

이렇듯 모든 지방은 유용하며 인체에 필요한 각각의 역할, 지방만이 할 수 있는 특정한 역할을 수행한다.

인체가 즉시 이용할 수 있는 양보다 많은 음식을 섭취했을 때, 예측 불가능한 미래의 위험을 대비해서 몸에 축적되는 것도 이 때문이다. 대사 과정을 거친, 즉 유용한 글루코스로 전환된 순수 에너지의 양은 9푸드칼로리, 좀 더 정확히 37킬로줄kilojoules(칼로리의 미터 단위)이다. 이들 지방의 그램당 유용성은 생과 사를 가를 수도 있다.

'칼로리'에 속지 마라

이 주제를 다루는 김에 칼로리에 대해 몇 마디 해보자. 칼로리는 본질적으로 지방과 관련이 없다. 실제로 칼로리는 1824년 프랑스 물리학자 니콜라 클레망Nicolas Clément이 도입한 열에너지 측정단위다. 다소 따분하지만 칼로리는 단지 정량의 물을 섭씨 1도 올리는 데 필요한 열에너지의 양이다. 칼로리는 논의되는 물의 양에 따라 두 가지로 표시한다. '작은' 칼로리는 그램 수준에서 나타내고(물 1그램의 온도를 섭씨 1도 올리는 데

들어가는 열에너지의 양), '큰' 칼로리는 1887년 미국의 화학자 윌버 올린 애트워터Wilbur Olin Atwater(1844~1907, 인간 영양 및 신진대사 연구로 유명한 미국의 화학자. 현대 영양 연구 및 교육의 아버지로 불린다)가 영양사들이 이용할 수 있도록 표준화한 것으로 킬로그램 수준에서 나타낸다.

칼로리를 측정하는 것은 어떤 물질이 있을 때 다음과 같은 질문에 대답하기 위한 방편이다. 표준 기압 하에서 이 물질의 잠재적인 에너지만을 이용해 1킬로그램의 물을 얼마나 더 뜨겁게 데울 수 있는가? 예를 들어 오레오 쿠키 1개로는 1킬로그램의 물을 섭씨 53도까지 데울 수 있다. 하지만 물을 그 온도로 유지하거나 더 뜨겁게 데울 수는 없다. 그렇게 하려면 당신에게는 더 많은 오레오가 더 필요하다.

칼로리는 사물이 아니다. 누군가 너무 많거나 적게, 지방 그램당 혹은 딱 적정량만 섭취할 수 있는 상품이나 물질도 아니다. 당신이 가장 최근에 먹은 음식을 분자 단위로 쪼개 원하는 만큼 샅샅이 뒤져보라. 어디에서도 칼로리를 찾지 못할 것이다. 코티지 치즈에도 없고, 빵에도 없고, 초콜릿에도 없다. 물론 이론상으로는 가령 나뭇가지든 오래된 연애편지 뭉치 등 태울 수 있는 것이라면, 산출 칼로리를 측정할 수는 있다. 말하자면 칼로리는 그것이 발생시키는 열이다. '칼로리'는 단지 물질 분자가 지닌 잠재적 에너지를 말하는 또 다른 방식일 뿐이다.

거듭 말하지만, 칼로리는 사물이 아니라 개념이다. 물질 분자의 잠재적인 에너지양을 표시할 수 있게 해주는 측정단위 말이다.

칼로리가 측정단위이므로 원한다면 우리는 1US갤런(약 4리터) 가솔린의 에너지 잠재량이 약 31,000칼로리라고 말할 수 있다. 정확한 표현이지만, 이런 식으로 말하는 것이 일견 이상해 보일지도 모른다. 그 이유는 우리가 어릴 때부터 칼로리를 사물로 인식했으며, 특히 그리고 오로지 식품에 있는 거라고 배워왔기 때문이다. 1973년 미국식품의학청은 식품이 칼로리를 '함유하고' 있으므로, 조리식품의 포장지에 영양분석표를 표기하도록 규제했다. 이후 단백질이나 식이섬유, 비타민 같은 영양소와 함께 칼로리가 기재되면서 우리는 자연스레 칼로리를 물질로 상상하기 시작했다. 그 결과 칼로리를 '먹을 수 있을 만한' 식품인가를 나타내는 지표로 인식하기에 이르렀다.

'낮은 칼로리' 식품은 용량 단위당 그 식품의 중요 역할, 다시 말해 우리 몸에 에너지를 공급하는 일을 적게 하는 식품이다. 이에 대해서는 두 가지 방식으로 생각할 수 있다. 하나는, 칼로리가 낮은 식품은 우리가 필요로 하는 에너지를 얻기 위해 더 많이 먹어야 하므로 유용한 잉여를 얻기가 매우 힘들다. 다른 하나는, 칼로리가 낮은 음식은 우리에게 필요한 에너지를 전부 제공하지 못해서 많이 먹어도 되므로, 원치 않는 과잉이 될 가능성이 낮다.

이런 사실은 우리의 관심을 다시 지방으로 돌리게 한다. 인간은 환경에 통제받는 걸 원치 않는다. 우리의 몸은 물 이상의 것으로 구성되었으며, 인체의 물질대사 과정은 애트워터와 그 밖의 사람들이 식품의 잠재 에너지를 측정할 때 사용했던 자극적인 이름의 폭발열량계bom calorimeter(밀폐된 통에 식품 표본을 넣고 태워서 발생하는 열에너지를 측정하는 장치)와 별로 닮지 않았다.

우리는 체내에서 열로 전환될 수 있는 에너지보다 훨씬 더 많은 것을 식품으로부터 얻어야 할 필요가 있다. 게다가 이 과정을 통해 이루어지는 반응들은 훨씬 복잡하다. 어쨌든 냉혈 동물은 먹이 에너지를 이용해서 몸을 따뜻하게 유지하지 않는다. 하지만 나의 친구이자 인류학자인 케리드웬 루이스Keridwen Louis가 농담처럼 하는 말대로 "도마뱀도 먹어야 산다."

한때는 인간의 경우 섭취한 칼로리와 체중 사이에 명확한 비례 관계가 없다고 생각했다. 그러나 식품의 열량 가치를 설명하기 위해 숫자를 들먹이기 시작하면서 우리는 몸에 들어오는 칼로리 대 나가는 칼로리에 대해 유혹적일 만큼 단순한 믿음을 쌓기 시작했다. 흡사 몸을 저금통처럼 생각하는 것이다. 많이 먹고 소비하지 않을수록 (지방은) 더 많이 축적되고, 축적된 (지방) 양은 점점 커진다. 반대로 적게 먹고 많이 소비하면 저장량은 줄어들 것이다. 아이러니하게도 최근의 자본주의 문화에서는 저금통에 아무것도 남기지 않도록 권유받고 협박까지 당한다.

'반기아 신경증'이 초래하는
여러 부작용

큰 틀에서 저금통 논리는 사실이다. 하지만 언제나 그렇듯 악마는 디테일에 있다. 꽤 일정한 비율로 에너지를 사용하는 기계 엔진과 달리 인체는 환경 조건이나 체내 컨디션에 따라 에너지가 더 많이 혹은 더 적게 필요해진다. 또 기계 엔진과 달리 인체는 한도 내에서 식품 에너지의 부족에 적응할 수 있다. 미네소타 대학교 앤셀 키스Ancel Keys(1904~2004, 식단이 건강에 미치는 영향을 연구한 미국 생리학자—옮긴이) 교수가 자신의 기념비적인 실험(일반적으로 미네소타 반기아 실험Minnesota Semi-Starvation Experiment으로 알려진 1945년의 실험—옮긴이)에서 발견한 것처럼, 인간의 몸은 신체 시스템을 말 그대로 둔화시키거나 축소시켜 더 적은 에너지로도 생존이 가능하다.

키스의 자발적 피실험자 36명 중 절대다수는 2차 세계대전에 참전하느니 기아 연구에 참여하기로 선택한 양심적 병역 거부자들이었다. 실험에서 그들은 단식기간 동안 걱정스러울 만큼 살이 빠지지는 않았다. 그 기간에 그들은 매일 1570칼로리의 식사를 제공받았다. 그 결과 혈액량은 평상시보다 약 10퍼센트 줄고 체온이 내려갔으며, 심장 크기가 줄어들고 심박동이 느려졌다. 그 메커니즘은 대체로 자동차와 비슷하다. 연료탱크의 연료가 없거나 배터리가 방전됐다고 해서 차가 곧장 멈추고, 연료를 다시 주입해야만 시동이 걸리는 것은 아니다. 그보다는 엔진이 다소 둔화되며 한동안 (비록 무한하게는 아니지만) 달리는 속도가 느려진다.

1950년에 출간된 키스의 논문 《인간 기아의 생물학 *The Biology of Human Starvation*》이 우리에게 가르쳐준 사실은 이것만이 아니다. 음식의 형태로 충분한 에너지를 공급받지 못할 경우, 인간은 집중에 어려움을 겪고 섹스에 흥미를 잃으며 우울해진다. 예측할 수 있듯이 키스의 피실험자들도 음식에 대한 생각에 사로잡혔다. 그런 집착은 실험에서 단식기간이 끝난 후에도 한동안 지속되었다.

또한 키스는 1950년대 이후 그의 모든 연구 결과들과 마찬가지로 확실하게 입증돼 진기한 현상을 목격했다. '반기아 신경증'이라는 것이다. 피실험자들은 한 끼의 식사를 하는 데 여러 시간이 걸렸고, 심지어 다른 모든 것에 있어서 집중력이 둔화되기 시작했다. 그들은 사회적으로도 위축되고 무관심해졌으며 종종 양치질 같은 기본적인 위생도 잊어버렸다.

나는 20대에 살 빼는 방법에 관한 자료들을 찾다가 처음 키스의 논문을 접했다. 내가 알게 된 것은 매우 다른 종류의 통찰이었다. 내가 왜 다이어트를 할 때마다 끝내 인지적으로나 감정적으로 꺼림칙하고 불편한 기분이 들었는지 키스의 논문은 명확하게 설명하고 증명해주었다.

키스의 연구가 증명하듯이 인간의 물질대사는 복잡하고 다이내믹하다. 중요한 것은 사용할 수 있는 식품 에너지가 지속적으로 부족할 경우, 기초대사율 또는 휴식에 필요한 인체의 에너지양도 줄어든다는 사실이다. 인체는 들어오는 것에 맞춰 몸이 필요로 하는 요소를 최선으로 조절한다. 이것은 생존을 위해 매우 영리한 조치다.

반면 살을 빼려는 사람들에게 적은 양으로도 생존할 수 있는 신체 능력은 좌절을 안겨주는 짜증 나는 요소이다. 게다가 이것은 지방 대사의 수수께끼를 푸는 퍼즐 한 조각에 불과하다.

사람마다 타고난 기초대사량은 서로 달라서 그 범위가 매우 넓다. 체온을 따뜻하게 유지하고 산소를 공급하고 새로운 세포 생성이나 노폐물 배출, 기타 장기의 기능유지 같은 기본적인 대사 기능에 쓰이는 에너지는 우리가 인간으로서 사용하는 총 에너지의 70퍼센트에 해당된다.

기초대사율을 칼로리로 환산할 경우, 에너지양은 얼마나 될까? 애버딘 대학교에서 150명의 성인을 대상으로 한 연구를 보면 기초대사율은 하루 1029~2499칼로리로 놀랄 만큼 범위가 넓다. 연구자들은 이런 격차의 75퍼센트가 주로 체성분 때문이라고 생각했다. 제지방lean body mass(지방을 제외한 체성분, 근육 등 ─옮긴이)은 다른 타입에 비해 유지하는 데 더 많은 에너지가 필요하다.

그러나 우리에게는 아직 25퍼센트의 미스터리가 남

아있다. 우리는 휴식 중인 누군가의 몸이 다른 몸보다 말 그대로 1.5배의 에너지를 더 쓰는 이유를 아직도 잘 모른다. 이는 지방이 수수께끼이기 때문만은 아니다.

매우 희귀한
지방 관련 질병들

대체로 지방은 우리 몸에서 법칙을 가장 잘 따르는 기관이며 꽤 예측 가능한 물질이다. 우리가 지방육종 liposarcoma 같은 병명을 자주 듣지 못하는 것도 그런 이유 때문이다. 이름이 암시하듯 (lipo는 'fat'을 의미하는 그리스어의 lipos에서 유래함 −옮긴이) 연조직의 지방 세포에서 암이 발생하는 형태로 시작되는 이 질환은 비교적 드물며, 그 희귀성이 암시하듯 비만 때문에 생기거나 뚱뚱한 사람들이 더 잘 걸리는 병은 아니다. 우리는 왜 100만 명 중 두 명꼴로 이 병에 걸리고, 남자들에게서 두 배나 흔하며, 주로 다리나 목 같은 부위에 생기는지 잘 모른다. 실제로 이 병을 지방과 관련짓지 않는 경향이 있다. 분명한 사실은 전반적인 체지방 비율이나 섭취 칼로리 대對 소모 칼로리 같은 요소가 이런 종류의 암에 누가 잘 걸리고 걸리지 않는가를 푸는 열쇠는 아니라는 점이다.

다른 주요 질환과 체내 지방에 대해서도 마찬가지다. 우리는 어떤 질병의 원인을 아무렇지도 않게 살 탓으로 돌리는 문화에 살고 있다. 살은 우리의 비만, 식습관 심지어 저울의 특정한 숫자까지 물려받는 계승자이다. 그러나 에너지 저장고이자 호르몬 생성기, 조정자와 전달자로서의 지방을 생체의학적으로 이해하고 나면, 지방 자체의 질병을 대할 때 모든 걸 살 탓으로 돌리는 오해에 빠지지 않는다.

가장 흔하게 접하는 지방 이상인 지방이영양증 lipodystrophy과 지방부종lipedema은 여러모로 지방육종 liposarcoma만큼 생체의학적으로 이해하기 어렵다.

지방이영양증은 명확한 이유 없이 몸에서 지방이 빠져나가는(혹은 흔치 않은 곳에 지방이 축적되는) 질병이다. HIV/AIDS 유행병 초기 AIDS에 걸린 친구들이 갑자기, 언뜻 보기에는 하룻밤 사이에 '쇠약해져서' 몸이 위축되고 무서운 속도로 한계에 이르던 모습을 본 기억이 난다. 나중에야 이 지방이영양증이 HIV의 증상이라는 사실이 분명해졌고, 프로테아제 억제제 같은 초기 항레트로바이러스 약물의 부작용이라는 사실도 밝혀졌다. 그 부작용 중에는 역설적으로 견갑골 사이 목 뒷부분에 지방이 축적되는 반면에 팔, 다리, 얼굴, 엉덩이는 뼈가 드러날 정도로 쇠약해지는 증상도 있었다.

지금보다 훨씬 이해가 부족했던 시절 지방이영양증은 일반인들이 AIDS를 겉으로 인지할 수 있는 증상 중 하나였다. 나는 아픈 친구와 함께 마리화나 연기구름 속에 앉아 있던 기억이 생생하다. 마리화나를 피운 후 밀려오는 공복감을 느끼려고 일부러 마리화나를 찾았던 친구는 그렇게 해서라도 체중을 유지하려고 했던 것 같다. 결과는 성공적이지 않았지만 당시 우리는 낙담하기보다 도취감에 취해 웃고 떠들었다.

지방이영양증은 선천적으로 발병해서 증상을 갖고 태어나기도 한다. 포동포동하고 건강한 아기를 기대했는데, 푹 꺼진 뺨에 근육은 뻣뻣하고 뼈는 새처럼 가늘며, 빽빽 울기만 하는 작은 아기를 의사로부터 건네받았다고 상상해보라. 선천성 전신지방이영양증Congenital Generalized Lipodystrophy으로 알려진 이 질병에 걸릴 경우, 태어날 때부터 지방 조직이 없고 카브 로딩carb loading(대부분의 탄수화물은 근육과 간에 글리코겐으로 저장되어 지방이 없을 때 에너지로 사용된다. 마라톤 선수들이 경기 직전 탄수화물이 풍부한 식품을 섭취해 에너지를 충전하는 것을 카브 로딩이라고 한다─옮긴이)조차 어렵다. 희귀하지만 치명적인 유전병은 아닌 것으로 간주되며, 세계적으로 추정 이환율은 1,000만 명 중 한 명꼴이다.

자칫 이상적인 상태로 들릴 수도 있겠지만(무엇을 먹든 먹지 않든 살이 찌지 않는 몸을 상상해보라) 지방이 적거나 없는 몸은 뼈가 앙상하게 드러나서 괴상해 보이고, 이목구비에 통통함과 풍만함을 주는 피하지방이 없어서 늙어 보인다는 점을 명심하라. 일반적인 지방이영양증, 특히 CGL은 다른 건강 문제를 동반하는 경향이 많다. 예를 들면 췌장염 증상으로 알려진 격렬한 복통과 소화불량부터 심장병, 동맥경화증, 지방증, 간경변, 비장 비대, 불임(특히 태어날 때 병을 진단받은 여성), 인슐린 저항, 당뇨병 등이다.

지방이 절대로 축적되지 않으면 얼마나 좋을까 생각하는 사람이 있다면 이 질병의 고통을 상기해보라. 흔히 하는 말처럼 세상에 공짜는 없다. 지방이영양증에도 한 가지 좋은 점은 있다. 그 누구에게도 비만이라고 비난받지 않을 의학적 상태가 유지된다는 점이다.

물론 이런 상황은 대부분 여성에게 나타나는 지방부종과 그 친척뻘인 더컴Dercum 병이 동반되는 경우에는 해당되지 않는다. 두 질환에 걸릴 경우 특정 신체 부위에 지방이 불균형적으로 축적된다. 흔히 엉덩이에서 발목 사이, 이따금 종아리와 발 사이에 눈에 띄게 증상이 나타난다. 그로 인해 상반신과 하반신의 크기가 비정상적으로 달라진다. 상체는 평균이거나 마른 듯한 체형인 데 반해 하체는 지나치게 뚱뚱하다. 더컴 병의 경우 초기에는 양성 지방이 자라는 지방종 형태로 보인다. 반면 지방부종은 초기에 다소 정상적인 피하지방처럼 보인다.

두 질병으로 인해 지방이 축적되었을 때의 특징은 통증이 있다는 점이다. 만지기만 해도 아프고, 움직이면 통증은 더 심해진다. 시간이 지날수록 지방 덩어리는 점점 커지고 조직의 섬유화가 진행된다.

지방부종과 더컴 병에 흔히 동반되는 건강 문제는 관절 질환부터 임파선 질환까지 여러 가지다. 두 질병 모두 환자의 삶의 질에 심각하게 부정적인 영향을 끼친다. 만성 통증은 물론이거니와 점점 두드러지는 비정상적인 신체 상태는 사회적 고립감과 우울증을 일으키는 핵심 요인이다. 지방이영양증에 걸린 사람들이 지방 세포를 잃어버리거나 단순히 그것을 만들어내지 못하는 원인을 모르는 것처럼, 지방부종과 더컴 병에 걸린 사람들 역시 지방 세포의 숫자 및 크기가 왜 커지고, 하필 왜 그 부위에 지방 덩어리가 생기는지 잘 모른다는 것이 이 질병의 가장 큰 골칫거리다.

지난 수십 년간의 연구에 따르면, 지방부종이나 더컴 병을 최종적으로 진단받은 사람들은 대개 뚱뚱한 편이지만 전부 그런 것도 아니다. 또한 역설적으로 음식을 제한하고 운동량을 늘리거나 살 빼기 수술을 통해 극적으로 체중을 줄여도 지방부종이나 더컴 병은 호전되지 않는다. 두 질환 모두 잘 치료되지 않고, 관리도 매우 어렵다.

심각한 문제는 또 있다. 이 두 질환을 앓는 사람 중절대다수가 길게는 수십 년간 병명 진단조차 받지 못한 채 세월을 보낸다는 점이다. 많은 의사가 습관적으로 (특히 초기에) 이런 증상을 가진 환자들을 단순 비만환자로 분류해 운동과 다이어트 외에 별다른 조치를 하지 않기 때문이다. 사실 이는 많은 비만 환자들 전반에 걸쳐 있는 현실이다.

'비만 낙인'
살찐 사람들은 병원 치료에서도 차별당한다

의료계 전문가들이 비만과 비만인들에 대해 갖는 혐오와 의심을 가리켜 의학저널이 이름 붙인 이른바 '비만 낙인Obesity stigma'은 뚱뚱한 환자에 대한 의학적 치료를 빈번히 위태롭게 만든다. 2019년 〈미국의학협회저널Journal of the American Medical Association〉에 실린 비평 논문에 따르면, 개업의들이 비만 환자들을 진료할 때 할애하는 시간은 마른 환자들의 3분의 1에 불과하다고 한다. 2010년 〈국제비만저널*International Journal of Obesity*〉에서 발표한 비만 환자들에 대한 의학적 상호작용에 관한 조사를 보면, 비만 환자들은 마른 환자들보다 '다이어트와 운동'에 관한 의학적 조언을 40퍼센트나 더 많이 듣고 동일한 증상을 가진 마른 환자들에게 의료진이 처방하는 약물치료와 치료법을 거의 20퍼센트나 적게 받는다. 〈임상현장의 임상심리학저널*Journal of Clinical Psychology in Medical Settings*〉에 실린 2019년 조사 결과에 따르면 심지어 소아청소년과 의료진에게조차 비만 소아 환자들이 겪는 고통은 덜 중요하고 덜 심각하게 받아들여진다.

비만인이 겪는 건강상 문제의 원인을 오직 비만 탓으로만 돌린 결과 발생한 의료진의 오진에 관한 일화는 무수하다. 2018년 캐나다 출신의 뚱뚱한 의상디자이너 앨런 모드 베닛은 암 진단을 너무 늦게 받는 바람에 수술 한 번 못한 채 사망했다. 그녀는 암 진단을 받기 전끼지 살 빼라는 의사의 잔소리만 들으며 하릴없이 시간을 보냈다.

그 소식을 듣고 나는 매우 슬펐지만 놀라지는 않았다. 나 역시 20대 후반에 음식을 먹을 때마다 상복부 통증으로 8개월이나 고통을 겪었다. 통증 때문에 음식을 적게 먹었고 갑자기 체중이 줄었다. 그러자 어지럼증과 구토가 자주 찾아왔다. 당시 나의 주치의는 복통이 '아마도 젖당 불내성 때문인 듯하다'고 간단히 치부했다. 덧붙여 체중이 줄었다며 나를 칭찬했다. 그로부터 몇 개월 후, 내가 총담관에서 콩만한 담석을 제거하고 사악한 쓸개를 떼어내기 위해 응급 수술대에 올랐을 때 의사는 놀라는 척 했다.

이런 이야기는 슬프게도 드물지 않다. 우리처럼 뚱뚱한 사람들은 뚱뚱해서 아픈 거라는 의사의 주장에 따라 체중을 줄여 그들의 요구에 부응하려고 안간힘을 쓰지만 대부분 실패한다. 체중을 줄이는 것은 병의 근원적인 치료법이 아니다. 속속 드러나는 이론들이 말해주듯 뚱뚱한 것과 병은 아무런 인과관계가 없다.

특히 지방부종과 더컴 병을 앓는 사람들의 경우, 비만과 병이 눈곱만치의 관계도 없다는 사실을 절감하게 된다. 환자들이 살을 빼면 얼굴은 수척해지고 쇄골은 튀어나온다. 하지만 하체는 그대로 뚱뚱하고 통증도 잡히지 않는다. 의사는 그제야 뭔가 이상한 상황이 진행되고 있으며 결정적으로 무엇인가가 잘못되었음을 깨닫는다.

지방이영양증, 지방부종, 더컴 병을 앓는 사람들은 병증 자체로 증명하는 셈이다. 비만은 몸이 필요로 하는 것보다 더 탐욕스럽게 먹은 결과가 아니라고, 그런 단순화야말로 매우 위험하다는 사실을 말이다.

이런 사례가 널려 있는 현실에도 불구하고 사람들은 여전히 칼로리 기록지를 흔들며 주장할 것이다. 숫자는 거짓말을 하지 않는다고. 그들이 숫자를 들고 장난치고 논쟁하는 것은 그렇다 치자.

우리 대부분은 다른가? 수없이 타협하고, 이미 먹은 것에 대해 장황하게 설명하고, '이번만은 샐러드' 말고 다른 기름진 것을 주문하기 위해 식사를 거르기 일쑤다. 그러고도 매일매일 피트니스 클럽으로 달려가 당일의 운동량을 기록해가며 유난을 떠다. 휴대폰으로

산수를 하고, 실내자전거를 몇 분 타면 달콤한 크렘브
륄레 디저트나 그 날 먹은 회사 창립일 케이크 '한 조
각'을 '태워버릴 수 있는지' 머릿속으로 계산하면서 숨
죽여 투덜거린다.

나는 종종 라커룸의 체중계에 올라간 여자가 최근의
결핍과 분투에도 바늘이 꿈쩍 않거나 어떤 못된 작은
악마가 장난치듯 엉뚱한 방향으로 슬쩍 돌아가는 것을
발견하고는 격분하는 소리를 듣는다. 나도 그랬다. 20
대 시절 나는 여러 해 동안 작은 스프링노트를 손에서
놓지 않았다. 그 안에는 의무적으로 그 날 섭취한 칼로
리와 운동을 통해 이론적으로 '태워 없앤' 칼로리 숫자
가 빼곡히 기록되어 있었다.

노트와 그 안에 끝없이 늘어선 숫자들은, 샤워실이
나 침대에서 내가 알몸을 손으로 쓸어내릴 때 이 상황
의 본질에 대해 말해주지 않았다, 아니 말해줄 수 없었
다. 다만 내가 느꼈던 것은 항상 그리고 언제까지나 나
는 뚱뚱할 거라는 사실이었다.

'정상적 시민의 몸'이라는,
가당치도 않은 공상이 현실화될 때…

  이런 논쟁들은 유별나지 않다. 지방 자체만큼이나 짜증 날 정도로 흔해 빠진 현대인의 삶의 한 장면일 뿐이다. 더하기와 빼기에 대한 논쟁은 우리가 자극과 운동, 예측 가능하며 확실한 식이요법을 통해 완벽한 몸을 만들겠다고 꿈꾸는 순간 동반되는 배경음일 뿐이다. 경험을 통해 숱한 모순에 봉착해 본 사람들은 또다시 주장한다. 그간 경험이 가르쳐준 시행착오를 고려해 다시 목표를 설정하고 계속하다 보면, 마침내 숫자가 그 노력을 증명해줄 것이라고 말이다.

  점점 기세등등해지는 과학과 기계의 세상에서 우리는 숫자와 수학, 그 자매인 과학을 신뢰하도록 배워왔다. 19세기에 들어 '정상적 시민의 몸'이라는, 꿈같은 공상이 실현된 후로 이는 사실이었다. 기록에 따르면 이 개념은 처음에 유럽인의 꿈이었다.

  '정상적 시민의 몸'에 대한 지적인 유혹은 아돌프 케블레Adolphe Quetelet(1796~1874. 벨기에의 과학자. 천문학,

수학, 통계학, 사회학 분야에 업적을 남겼다)라는 통계학자의 논문에 처음 등장했다. 벨기에 출신인 그는 건강하고, 특별히 생산적인 시민에 어울리게 만들어진 몸에 대한 신체적인 매개변수, 공통분모로서 '평균적인 인간'에 대한 개념을 우리에게 제시했다.

1845년에 출간된 그의 논문 〈인간과 인간의 능력 개발에 관한 논의, 사회물리학 시론*Sur l'homme et le développement de ses facultés, essai d'une physique sociale*〉은 마침 도처에 생겨난 사업가들에게 영향을 주었다.

물건의 치수가 규격화된다면 어떨까? 특정 소비자의 신체적 특징과 형체에 맞춰 셔츠 칼라와 신발을 만드는 대신 평균적인 인간들을 위해, 평균적인 규격으로 만든다면 어떨까? 천을 직조하고 실을 잣는 직기와 엔진을 평균적인 규격으로 만들어, 그 기계를 작동시키는 인간 육체가 긴 하루 내내 기계에 적응하도록 하면 어떨까?

노동자 개개인에게 맞추어 기계를 제작하거나 수정하지 않을 때 얻을 수 있는 이익을 상상해보라! 판매할 상품을 개별 제작하거나 소량주문 제작하는 대신 비인

아돌프 케틀레
벨기에의 과학자이자 통계학자였던 케틀레는 '평균적 인간의 몸'이라는 낯선 개념을 구상했고, 그의 엉뚱한 구상은 마침 도처에서 생겨난 사업가들의 구미를 자극했다.

간적이고 평균적인 형태로 한 번에 수천 개씩 대량 생산할 때 가능한 규모의 경제를 상상해보라!

그러자면 당연히 평균에서 벗어난 것이 생긴다. 통계에서 말하는 평균과 '편차deviation(떨어짐의 차이를 말한다. 즉, 평균에서 관측치가 얼마나 떨어져 있나를 표시한다—옮긴이)' 개념이 인간에게도 적용된 것이다.

문화적으로 정상적인 시민은 적절한 크기와 모양과 비율을 가진다고 간주하기 시작하면서 우리는 신체와 자아에 대해 또 다른 무거운 부담을 안게 되었다. 불구이거나 선천적으로 특이한 신체를 정상이 아니라고 보는 시각은 물론 새로운 현상이 아니었다. 14세기 의사 앙브루아즈 파레Ambroise Paré(1510~1590, 프랑스의 외과 의사—옮긴이)가 자신의 카탈로그에서 선천적 결함을 가진 사람들을 인간 '괴물과 신동'으로 명명했듯, 보는 사람들을 놀라게 하고 종종 겁먹게 하던 이들은 오래전부터 우리 주변에 있었다.

그런데 이제 '정상에서 벗어난' 신체를 규정하는 범주가 바뀌었다. '정상'의 범주가 통계적인 평균치로 좁

혀지면서 '평균치'의 틀에 넣을 수 없는 사람들까지 '비정상'의 범주에 속하게 되었다.

19세기는 특별히 과학과 의학이 진보를 이룬 시기였다. 전보와 타자기와 기관총이 발명되고, 외과적 마취법과 항생제가 개발되고, 최초의 바이러스 분리가 이루어진 시대였다.

물리적인 세상이 만개하면서 사람들은 욕망을 조작당하는 것을 더욱 순종적으로 받아들이기 시작했다. 불행하게도. 여기에는 우리 자신의 몸까지 포함되었다. 인체의 신비로운 작동은 하나하나 과학의 압도적인 권위에 굴복당했다.

소설 《프랑켄슈타인*Frankenstein*》이 (부제인 '현대의 프로메테우스'가 암시하듯이) 그 시대의 수치스러운 도덕성에 관해 이야기하는 반면 그 무렵 싹트기 시작한 과학에 대한 맹신, 즉 과학이 우리 몸과 생명의 작동 자체를 통제할 수 있고 통제해야 한다는 사고는 인간 생활 방식의 많은 부분을 새로 만들어냈다.

과학에 대한 맹신이 불러온,
어이없는 참극

때로 과학은 인간의 삶을 망치기도 했다. 일례로 로베르트 슈만Robert Schumann의 일화는, (만약 언어 유희가 허용된다면) 한 박자도 틀리지 않은 경고성 레퀴엠이다.

작곡가 겸 피아니스트였던 슈만은 피아노를 더 잘 칠 수 있도록 자신의 몸을 바꾸려던 욕망에 희생되고 말았다. 불과 20대의 나이에 말이다.

그에게 피아노라는 기계를 연주하는 것은 필생의 과업이었다. 피아노 교사이자 멘토였던 요제프 비에크 Josef Wieck(훗날 슈만의 아내가 된 유명한 콘서트 피아니스트 클라라 비에크의 아버지기도 하다)의 증언에 따르면 젊은 슈만은 손가락 힘을 기르는 기계(홈메이드일 가능성이 있다)를 사용하다 오른손에 영구적인 장애를 입었다.

상업적으로 제작되어 '댁타일리온Dactylion'이라는 이름으로 판매된 기계는 손목에 찬 장치에서 나와 구부러지는 금속 브래킷으로 연결된 링에 각각의 손가락을

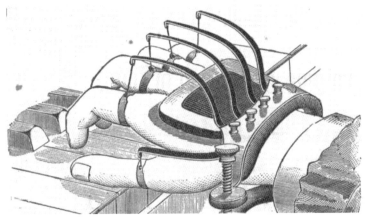

손가락 강화기구로 개발되었던 댁타일리온
피아니스트 로베르트 슈만은 아마도 이 그림과 같은 손가락 강화기를 장착한
채 연습을 강행하다가 영구적인 장애를 입었을 것이다.

걸게 만들어졌다. 그 장치를 장착한 사람이 손가락에 잔뜩 힘을 주어 금속 브래킷이 구부러지도록 억지로 피아노 건반을 누르는 것이다.

이론상으로 이렇게 하면 손가락 근육이 단단해져 악기가 낼 수 있는 동적 범위를 최대한으로 끌어낼 수 있었다. 악기의 음량은 건반을 얼마나 세게 치느냐에 달려있으니까. 하지만 콘서트 피아니스트로서 슈만의 경력은 시작되기도 전에 끝났다. 그의 손가락은 댁타일리온이라는 기계 때문에 영원히 경련을 일으켰다.

완벽한 몸을 만들거나 머릿속 이상화된 몸을 만들기 위해 무리하다가 불구가 된 사례는 아마 슈만이 최초는 아니었을 것이다. 그리고 틀림없이 그게 마지막도 아니었을 것이다.

나는 이 이야기를 들을 때마다 생각했다. 그는 누군가의 강요에 따라 불편하고 고통스러운 손가락 강화기를 낀 게 아니었다. 그보다는 자신의 야망과 욕망, 한낱 훌륭한 피아니스트 중 하나가 아니라 콘서트 피아니스트인 연인 클라라를 비롯해 모든 사람들에게 찬사와 숭배를 받는 최고가 되고 싶어서 그랬을 것이다.

부품과 비율을 손보고 망치질과 단련으로 정밀한 기계를 만들어내듯이 몸을 완벽하게 개조하고 싶은 판타지는 세대를 관통하는 핵심 욕망 중 하나였으며 여전히 우리에게도 잠재해 있다. '표준적인' 몸에 대한 개념이 제시되고 그 기준에 맞춰 몸을 조정할 수 있다는 믿음이 생기면서, 머릿속으로 그리는 '정상적인' 몸의 기준에 맞는 신체와 그 잠재력을 가진 '평균적인' 시민이야말로 좋은 시민이라는 생각이 퍼지기 시작했다.

세상은 우리 몸에 대해 더욱 흠결 없고 더욱 강하게 통제받을 것을 요구했다. 반면 세상에 대한 몸의 요구는 명백한 의문을 제기하기는커녕 점점 더 약해졌다.

살이 쪄서 나쁜 시민이라는 느낌,
살이 쪄서 부적합하다는 느낌……

우리가 지난 수십 년간 부적응, 배척, 혹은 배제당하는 느낌(심지어 두려움)을 뚱뚱함과 연결짓도록 배워온 것은 별로 놀라운 일이 아니다. 이렇게 돌아가는 세상에서 어떻게 뚱뚱함을 '너무 버겁고' '적합하지 않은 존재'라는 유령(뿐만 아니라 현실에서도)과 연결짓지 않을 수 있겠는가?

'평균'과 '전형'의 숫자 게임에 놀아나기를 거부하는 몸은 시대의 이데올로기가 강요하는 대로 따르지 않는 고집불통으로 보인다. '살이 찐 느낌'은 실제 느낌이나 살이 찐 것과는 아무 관계가 없다. 그저 뭔가 잘못되었다는 느낌일 뿐이다. 살이 쪄서 나쁜 시민이다! 살이 쪄서 정상이 아니다! 살이 쪄서 부적합하다!

바로 거기에 우리의 느낌과 감정이 있다. 뚱뚱한 배와 허벅지를 죄는 운동복 천을 잡아당기는 손길이라든가 중력에 대한 질량을 표시하는 것 외에 아무 의미도 아닌 저울의 숫자가 아니라 바로 거기에 있다. 제멋대로 구는 동물적인 몸은 설령 일시적으로 순응하게 할 수 있어도 언제나 위태로운 우리의 사회적 자아를 위협한다! 우리가 그런 몸을 혐오하고 과하게 비난하도록 배운 것은 그리 놀랄 일이 아니다. 우리가 그토록 눈물겹게 우리 몸을 굴복시키려고 애쓰는 것도 별로 놀랄 일이 아니다.

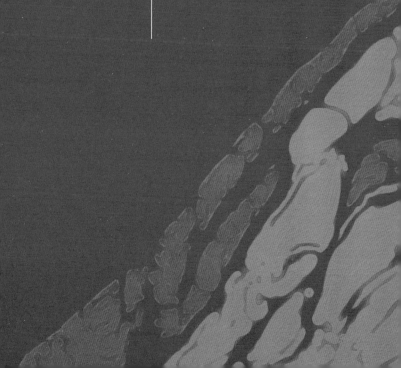

CHAPTER 2 | **비만인 여성으로**
세상에서 살아남기

깊은 밤, 나는 가끔 남편이 내 몸 너머 겨드랑이 근처에 손을 올린 듯한 느낌에 잠을 깬다. 그는 내 옆구리 너머 가슴 쪽으로 손을 밀어 넣어 슬며시 더듬는다.

어쩌면 당신은 그가 처음 그랬을 때 내가 넘겨짚은 것처럼 생각할 수도 있다. 아니다. 그의 손은 거기에 머물면서 손가락을 말아 그 부위를 부드럽게 살살 주무른다. 누군가 좋아해 주기는커녕 한 푼의 상환 가치도 없다고 생각해온 그 살을. 그는 내 겨드랑이 바로 아래쪽에서, 누군가는 옆가슴sideboob이라고 부르지만 실은 정식 명칭조차 없는 한 줌의 살을 찾아낸다.

내 몸에서 옆가슴은 말랑말랑하고 툭 불거져 나왔으며, 피부는 민감하고 아주 부드럽다. 자주 불면에 시달리는 남편은 이 한 줌의 살이 뼛속 깊이 편안함과 위안을 준다고 말한다. 몇 년 전 남편이 고통스러운 수술에서 회복하던 시기에 내 몸의 이 작은 부분을 주무르는 것은 그가 편히 잠들 수 있는 유일한 길이었다. 이따금 곤히 잠든 상태에서도 남편은 그곳으로 손을 뻗는다. 무의식적으로 위안을 구하는 게 분명하다.

인생의 어느 시점을 지나던 때, 나는 내 몸의 이 부분이 아주 마음에 들지 않았다. 단지 추하게 보일 뿐, 아무짝에도 쓸모없는 과잉의 살이라고 여겼다. 얼른 다이어트를 해서 빼내거나 숨기고 싶었다. 하지만 이제는 그 부위를 좋아한다. 남편에게 무의식적으로 즐거움과 위안을 주는 곳이라서 기쁘다. 밤에 남편의 손이 자신이 좋아하는 곳을 더듬는 걸 느낄 때마다 나는 내 지방이 누군가에게는 다정한 친구가 될 수도 있구나, 생각하며 미소 짓는다.

이것이 지방에 대해 흔히 갖는 느낌이 아니라는 것은 나도 잘 안다. 지방을 혐오하는 현재 우리 문화에서 지방은 싫어해야 하고, 질색해야 하며, 무엇보다 피해야 한다는 메시지를 단 하루도 받지 않는 날이 없을 정도다. 나는 면전에서 (나의 뚱뚱한 친구들도 비슷한 경험을 했겠지만) '당신처럼 뚱뚱하게 사느니 차라리 자살하고 말겠다'고 암시하는 날씬한 사람들을 한 번 이상 만났다(고백하건대, 이런 무자비한 독선주의를 마주했을 때 나는 '왜 기다려?'라고 응수해주고 싶다).

다양한 방식으로, 지방은 혐오스럽고 두려우며 증오스러운 존재라는 것을 보여주는 연구 조사는 많다. 그런 주장이 무조건 옳고 당연하다는 생각을 강화해주는 작품들은 심지어 더 많다. 원하면 그런 문학 작품을 스스로 찾아보도록 하라. 이 책에서 따로 요약하거나 인용하지는 않을 것이다.

지방을 없애라,
그리하면 당신이란 존재 자체마저 사라질 것이다

지방은 친구다. 이 말은 단지 생물학적인 것만을 의미하지 않는다. 당연히 지방은 우리를 위해, 다른 것은 하지 않고 할 수도 없는 많은 일을 한다. 지방은 물과 단백질처럼 우리가 생존을 위해 소비하는 기본적인 다량 영양소 중 하나다.

지방이 없으면, 인간이 매우 떠들썩하게 자랑해 마지않은 큰 주름이 있는 뇌 기능이 떨어져서 우리를 다른 동료 동물들과 구별하는 데도 차질이 생길 것이다. 집중력과 기억력이 희미해져서 곤란을 겪게 될 것이다. 매사추세츠 종합병원의 소아청소년과에서 최근 무월경을 겪는 여자 운동선수들을 대상으로 조사를 했다. 그 결과를 보면 체지방이 지나치게 적고 그로 인해 에스트로겐 수치가 떨어질 경우, 생식능력뿐만 아니라 (따라서 월경이 없어진다) 인지력도 떨어진다.

우리는 이런 사실에 놀라서는 안 된다. 통통한 아기가 건강할 가능성이 높은 이유 중 하나도 바로 이것이기 때문이다. 아기들은 출생 시 약 10퍼센트, 첫돌까지는 25퍼센트의 체지방을 갖고 있다. 생후 2년 동안 어른 뇌의 25~80퍼센트까지 지속적으로 순조롭게 발달할 수 있어야 하기 때문이다. 지방 성분이 높은(절반 정도가 지방이다) 인간의 모유는 발달에 도움이 된다. 하지만 아기에게 기본적으로 필요한 최소량 외에 우유를 추가로 먹이면 여분의 에너지를 체지방 형태로 저장했다가 아기와 아기 뇌가 지속적으로 성장하도록 물질대사 측면에서 잘 뒷받침해준다. 아주 최초의 단계부터 체지방과 식이 지방은 우리 몸과 건강, 몸의 기능, 삶을 잘 영위해나가기 위한 토대를 만들어주는 것이다.

지방을 없애라, 그러면 몸을 따뜻하게 유지하는 데 어려움을 겪고 호르몬의 흐름이 나빠지며, 생식능력이 떨어지고 뼈는 점점 약해지며, 피부는 거칠어질 것이다. 역설적이게 우리가 그토록 치명적이라고 여기는 지방은 사실 우리 몸이 염증과 싸우도록 도와준다.

지방이 없으면 우리는 질병에 더 걸릴 뿐만 아니라 병과 싸움을 하는 데 효율적으로 사용되는 비축 에너지가 부족해 죽음을 맞게 될 수도 있다. 우리의 몸과 우리가 먹는 음식에 지방이 없으면 우리는 허약해지고 활력을 잃어버린다. 나아가 심박동이 점점 느려져서 완전히 멈추는 지경에 이를 수도 있다. 에너지를 안정적으로 공급하는 자원이 없으면 심장이 멈추거나 혹은 심상이 민저 멈추지 않더라도 뇌가 서서히 정지된다.

의식이 없어지고 발작과 혼수상태가 오고 결국 죽음에 이른다. 바로 뇌가 굶어 죽는 것을 의미한다.

여기까지는 의심할 여지가 없는 장점이다. 그러므로 지방을 혐오하는 우리 사회에서도 인색하지만, 생물학적으로 필요한 만큼은 기꺼이 지방을 허용한다. 하지만 그 외에 다른 여러 이유로 인해 지방을 친구로 삼아도 될 가치가 있다고 인정하기는 매우 어렵다. 어쩌면 보상도 있고, 혜택도 있고, 심지어 지방에서 기쁨도 발견할 수 있다. 물론 젖가슴과 엉덩이를 말하는 것은 아니다. 그것도 분명 자격을 갖췄지만 말이다.

뚱뚱한 몸들이
매일매일 맞닥뜨리는 현실

기억하는 한 나는 예전에도 뚱뚱했고 지금도 그렇다. 그러니까 나는 내가 지닌 어떤 실체보다도 지방과 오랜 관계를 맺어오고 있다. 그렇다고 해서 복잡한 관계가 아니라거나, 절대로 지방과 싸운 적이 없다거나, 만약 이런 실체를 버리고 다른 어떤 것을 경험했으면 내 인생이 어떻게 달라졌을까를 한 번도 생각해본 적 없다고 말하려는 것은 아니다(오래되고 친숙한 관계의 본질에 대해 자신을 속이지 말자!). 나아가 내가 지방과 맺는 관계가 다른 사람들과 같거나, 다른 사람들 역시 나와 같은 경험과 이해를 해야 한다고 상기시키려는 것도 아니다. 그저 내가 그동안 지방과 맺어온 다양한 경험과 그 결과들이 지방을 친근하게 여길 수 있게 만들어 줬다는 것을 말하고 싶을 뿐이다.

주변을 조금만 둘러봐도 지방은 우리에게 구체적이고 지속적으로 인간의 다양성을 일깨워준다. 비만인을 표현한 카툰을 보면 뚱뚱한 몸을 바라보는 일정한 시선이 느껴진다. 하나같이 헬륨 가스를 집어넣은 것처럼 기괴할 정도로 퉁퉁 부은 모습이다. 미디어에서 보여주는 '얼굴이 보이지 않는 뚱보' 사진, 죄를 지었는지 머리가 잘리고 퉁퉁한 상체만 둥둥 떠다니는 사진도 마찬가지다.

하지만 뚱뚱한 몸의 현실은 다르다. 내가 수영장 파

티와 옷 교환 모임, 스파와 온천 등 뚱뚱한 여성들이 많이 모이는 공간에서 시간을 보낼 수 있었던 것은 큰 기쁨이고 행운이었다. 비만한 몸이 갖는 무궁무진한 다양성은 나에게 끝없이 감동을 준다. 온갖 독특함과 비율과 크기의 다양성이 그 공간에서 펼쳐진다. 그 다양성은 지방이 추가되고 몸집이 커지면서 극대화되고, 다양한 라인과 비율을 통해 몸의 개별성은 더욱 뚜렷해진다. 온갖 다른 사이즈와 점진적인 크기가 구현된 인간 체형의 모든 변화 가능성이 거기에 있다. 배와 궁둥이는 말할 것도 없고 종아리와 등, 팔, 크고 작은 가슴, 엉덩이와 허벅지가 그렇다.

다양한 비율로, 다양한 지점에서 올라갔다 내려가며 굽이치고 출렁이는 풍경이 그곳에서 펼쳐진다. 첼로 같은 몸도 있고 루벤스의 그림에서 막 튀어나온 듯한 몸도 있다. 빌렌도르프Willendorf의 비너스도 있고 달걀처럼 우아한 곡선에 필요한 모든 요소를 완비한 몸도 있다.

그 몸들은 다르게 움직인다. 어떤 몸은 다부지게, 어떤 몸은 느슨하게 움직인다. 어떤 몸은 원형 또는 타원

형으로 가볍게 흔들리고, 어떤 몸은 오르내리며 움직인다. 뚱뚱한 몸은 그걸 바라보는 사람으로 하여금 다양성을 즉시 인정하게 하고, 실제로 그 차이점을 볼 줄 아는 사람에게는 대담성을 깨닫게 한다.

내가 처음부터 이 다양성을 볼 줄 알고 평가하는 눈을 지녔던 건 아니다. 나는 몸의 개별성을 음미하는 법을 배워야 했다. 다만 뚱뚱한 몸으로 사는 나의 경험은 그 개별성을 배우는 데 큰 도움이 되었다. 비만인으로 이 세상을 살아가려면 외롭고, 낯설며, 스트레스를 피할 수 없다. 누군가의 신체적 자아는 종종 적절히 수용되지 않고, 누군가의 신체적 특징은 이해받거나 반영되지 않는다.

체육복은 말할 것도 없고 교실 책상도 제대로 맞지 않는다. 길가에 놓인 허술한 카페 의자는 지독한 색안경을 낀 채 설치한 것이 틀림없고, 들어가기 힘든 회전문의 한 칸은 영악하게(경제적으로) 협의된 게 틀림없다. 비행기의 안전벨트는 승무원이 버클을 어떻게 채우는지 시범을 보인 후 벨트 안에 당신의 몸이 확실히 들어가는지 혹은 승무원을 불러세울 필요가 있는지를 평가하기 위한 것임을 우리는 재빨리 깨닫게 된다. 뚱뚱한 사람은 체중 제한을 조금만 초과해도 놀이공원 놀이기구에서 야멸차게 거절당하고 어떤 동정도 받지 못한다는 것을 우리는 일찌감치 배운다.

'만약 당신의 몸이 말 그대로 표준에 들어맞지 않을 만큼 잘못됐다면, 그건 당신 책임이다.' 곳곳에서 맞닥뜨리는 이런 훈계 속에서, 당신의 커다란 몸이 비좁은 세상과 그 세상의 시선을 상대로 끊임없이 타협해야 하는 것은 스트레스다. 알로스타틱 부하allostatic load(개개인에게 일상적으로 가해지는 스트레스로 인한 신체의 마모 또는 손상—옮긴이)는 피할 수 없는 스트레스를 지속적으로 받을 때 알로스타틱 과부하로 바뀐다. 알로스타틱 과부하는 신체에 과도한 부담을 주어 결국 온갖 질병을 초래한다. 심장질환, 고혈당증, 고밀도의 지방(HDL 혹은 착한 '콜레스테롤')이 낮은 수준인 고콜레스테롤증, 동맥경화증, 게다가 참으로 놀랍게도 지방의 양이 비정상적으로 축적된다.

피할 수 없는 지속적인 스트레스는 표준에 맞지 않

는 몸이 본질적으로 겪어야 하는 부담이다. '평균적인' 몸을 요구하는 문화는 일종의 제재 장치로 작동한다. 그 제재 장치가 사람들을 이쪽과 저쪽으로 편가르고, 그로 인해 배제된 사람들이 고통을 겪는 건 결코 우연이 아니다. 지속적으로 가해지는 스트레스에 대항하기 위해 우리 몸이 조용하지만 의미심장한 시도를 할 때 고통은 배가된다.

현실에서 펼쳐지는
사이즈와 젠더, 그리고 권력 사이의 블랙코미디

어린 시절 나는 뚱뚱함 때문에 여러 상황에서 배제되거나 소외감을 느끼게 되리라는 사실을 경험을 통해 일찌감치 배웠다. 당연히 속상했다.

그러나 나의 반응은 무엇이든 바꾸고 고칠 수 있는 것을 고쳐서 그 틀에 들어가는 대신, 다른 배제당한 이들을 찾는 것이었다. 왜 그랬는지 모르지만 직관이 나를 그쪽으로 이끌었다. 신체와 자아가 그것이 속한 문화와 (변두리와 중심부에서, 공공연히 그리고 은밀하게) 충돌을 일으키는 방식에 대해 내밀하고 용의주도하게 관여하는 내 인생은 그렇게 시작되었다.

나는 거리와 도서관, 텔레비전에서 뚱뚱한 사람들을 찾아 나섰다. 약간의 연대감, 약간의 가능성을 위해 눈을 부릅뜨고 나와 비슷해 보이는 사람들, 내 체형과 닮은 사람들을 찾았다. 나의 소아과 의사도 뚱뚱했고, 내가 사랑하는 6학년 때 담임이나 초등학교 음악 선생님도 뚱뚱하다는 사실을 마음 깊이 새겼다.

내 체형이 잘못되고 크기가 잘못되었으며 잘못된 물질들로 구성됐다고 끊임없이 암시하는 세상에서 나와 비슷한 사람이 중요한 위치에 있는 걸 확인하는 일은 각별한 의미를 띠었다. 그들은 인정받았고, 힘을 가졌다. 그들은 나를 친절하게 대해주고 잘 가르쳐주었으며, 나는 그들을 좋아했다. 더 중요한 것은 그들이 나를 배려하고 보듬어주었다는 사실이다. 내가 잘했을 때는 칭찬도 해주었다. 그래서 어린 내 눈에 그들은 눈이 부실 정도로 아름다웠다.

내 어린 시절, 다른 중요한 분야에서 인상적 성공을 거둔 비만인들이 있었다. 나는 일곱 살부터 30대 초반까지 전문적으로 노래를 불렀다. 노래하는 뚱뚱한 여자에 관한 농담은 그때도 있었고 지금도 남아있다(뚱뚱한 여인이 노래하기 전까지는 끝난 게 아니라는 우스갯소리. 오페라에서 마지막 장면은 전통적으로 가슴이 풍만한 여자 가수가 등장한 데서 유래했다—옮긴이). 전설적인 비만 가수들은 디바로 추앙받는 동시에 '저스트 이노머스Just Enormous'(제시 노먼Jessye Norman)이라든지 '몬스터팻 카우벨리Monsterfat Cowbelly'(몽세라 카바예Montserrat Caballé)' 같은 별명으로 놀림을 받았다.

뚱뚱한 몸에 대한 오페라 세계의 뿌리 깊은 양가감정은 어떻게든 날씬해야 한다는 가혹한 강박을 여성 가수들에게 심어놓았다. 더불어 객석에 도착한 목소리가 고우면 좋겠지만, 설령 그렇지 않더라도 몸이 가늘면 현실적으로 이해해 주겠다는 생각이 자리 잡도록 했다.

사이즈와 젠더 그리고 파워에 대한 드라마는 지상에서 다른 방식으로 펼쳐진다. 일상생활에서 우리 여성들은 비록 책임 있는 위치에 있더라도, 작고 말라야 한다는 말을 어릴 때부터 듣는다. 우리 여자는 언제나 기꺼이 자신을 더 작게 만들고 남자를 위해 양보해야 한다.

남성 지배에는 공간과 누가 그 공간에 대한 권리를 갖느냐에 대한 물도 포함된다. 분주한 인도, 붐비는 일터의 복도, 러시아워의 지하철에서 누가 길을 비켜주는지 관찰해보라.

일반적으로 여성들, 특히 뚱뚱한 여성들은 어릴 때부터 타인의 편의를 위해 스스로 몸을 작게 만들라는 가르침을 듣는다. 자신의 신체적 편의를 위해서가 아니다. 이미 충분한 공간이 있는데도 여성들은 스스로 두 손을 모으고 뒤로 물러서 남자들을 위해 공간을 마련하기 일쑤다.

여성들이 기꺼이 스스로를 작게 만드는 것은 심적인 편의에 관한 문제다. 항상 공간을 확보하고 상대를 위해 공간을 만드는 측면에서는 남성의 편의가 우선된다. 바로 이것이, 여자라면 규칙을 잘 따르고 주변의 기대와 의무를 저버려서는 안 된다고 생각하는 사회의 시각에서 바라보는 모든 사람의 편의다.

그런데 비만 여성들에게는 움츠리고 양보해야 한다는 의무에 한 겹이 더해진다. 받아들여지지 않는 우리의 몸을 더욱 작게 만들어야 한다는 점이다. 만약 문자 그대로 그게 안 될 때는 몸을 숙이거나 구부정한 자세를 취하거나 눈길을 끌지 않는 수수한 옷차림을 하거나 눈을 마주치지 않는 등 미안함을 담은 보디랭귀지라도 해야만 한다. 우리 몸을 드러내려는 시도는 당연히 안 된다.

대부분의 비만 여성처럼 나 역시 그렇게 하도록 배웠고 어린 시절에는 배운 대로 고분고분 따랐다. 그런데 오페라가 끼어들었다.

더이상 나의 공간과 권리를
양보하지 않겠다

오페라 무대에서 몸은 목소리를 운반하는 수단이다. 더 날씬한 몸, 더 작은 몸, 관습적으로 아름다운 몸은 선호되지만 반드시 충족시켜야 할 조건은 아니다. 아름다운 목소리는 그렇지 않은 몸에서도 나올 수 있다. 2008년 '브리튼스 갓 탤런트Britain's Got Talent'에서 놀라운 성공을 거둔 수잔 보일Susan Boyle이 주는 교훈이 바로 그것이다. 냉소적인 청중은 뚱뚱하고 보잘것없는 외모에다 우스꽝스러운 머리 스타일을 한 보일이 내는 놀라운 음성을 듣고는 충격에 가까운 반응을 보였다. 그 목소리에는 오페라(그리고 보일이 불렀던 팝클래식 계열 같은 하위 장르들)가 제격이다.

가끔은 생뚱맞은 광경이 펼쳐질 때도 있다. 예컨대 뚱뚱한 미미가 폐병으로 죽는다거나 비만한 살로메가 일곱 베일의 춤을 추며 엉덩이를 씰룩거려야 하는 경우 말이다.

하지만 목소리가 좋다면, 그걸로 충분하다. 모든 규칙은 깨질 수 있다. 뚱뚱한 여성이나 뚱뚱한 남성도 아찔한 의상을 입고 몸과 얼굴에 스포트라이트를 받으며 무대 중앙에 설 수 있는 것이다.

이 업계에서 뚱뚱한 몸은 아마도 차선일 테지만, 그렇다고 논의 자체가 무용한 것은 아니다. 말랐든 뚱뚱하든 오페라 가수는 신체적으로 당당해 보이고 무대를 장악하며 청중의 귀를 잡아끌도록 훈련받는다. 누구도 감히 주눅 든 것 같은 몸짓을 하지 못한다. 다른 곳에서는 그토록 강고하게 작동하는 룰이 무대에서는 적용되지 않는다.

나는 학창시절 오페라 리허설 때 한 음악학교 오페라 감독이 객석 3열에서 나를 향해 손짓하며 소리쳤던 것을 생생하게 기억한다. 그의 얼굴은 격앙되어 납빛이었다. "오 맙소사! 네가 뚱뚱한 게 뭐가 중요해. 관객은 너를 보려고 돈을 내고 왔어! 당당하게 움직이라고! 당당하게! 정기 원양선처럼! 제발! 넌 퀸메리 호야! 빌어먹을 쪽배가 아니라고!"

나는 지적을 받아서 놀랐고, 하찮은 쪽배와 거대하고 육중한 원양어선 모두에 비유를 당해서 모욕감을 느꼈다. 아마도 나는 우스갯소리 속 뚱뚱한 여자가수를 떠올렸던 것 같다. 당시 나는 바그너 풍의 투창과 가슴받이, 뾰족한 투구를 들고 있지 않았다. 만약 그런 차림이었다면 어느 모로 보든 그저 던지는 상투적인 밀로 받아들였을 것이다. 하지만 나는 감독의 지시를 따랐다. 그리고 난생처음 의도적으로 미안해하지 않으면서 나의 뚱뚱한 몸 곳곳을 사용했다.

무대를 이리저리 누비는 동안 달라진 나를 느꼈다. 가슴이 활짝 펼쳐지고 팔이 힘차게 휘둘러졌다. 뚱뚱한 몸통을 움츠리거나 감추려 애쓰지 않았다. 걸음을 걸을 때 마치 세상이 나를 위해 길을 열어준 듯 당당하게 발을 뻗었다.

그때는 말로 표현할 수 없었지만, 그 감독이 소리 질러서 나에게 가르쳐준 매우 중요한 사실이 있었다. 뚱뚱함 자체는 수치스러운 게 아니었다. 내가 그것을 어떻게 받아들이냐가 중요했다.

오페라는 내가 남 앞에 서고 공간을 차지하는 것을 즐기도록 가르쳐주었다. 내 권리를 양도하지 않는 게 얼마나 중요한지를 알려주었다. 나아가 대부분의 상황에서 내가 주눅 들지 않고 권위 있게 움직인다면, 사람들도 순순히 나에게 권한을 준다는 것을 재빨리 파악했다. 내 몸에 대해 내심 미안해하거나 두려워하지 않게 되면서, 뚱뚱한 내 몸이 위협이 되거나 무언가를 강요당할 수도 있다는 현실을 인정하는 데도 점점 편안해졌다. 이런 사실을 이해하게 되면서 뚱뚱한 몸으로는 결코 할 수 없다고 여겨왔던 것들도 가능해졌다. 바로 유혹하고 매료시키고 현혹하기.

인정받지 못하고 폄하되고 소외당하는 몸으로 잘 살아가려면 내 몸의 가치에 대해 제대로 배우고, 가끔은 고집스러울 정도로 확신을 지녀야 한다. 내가 지금처럼 지방을 친구라고 부를 때 누군가는 속으로 생각할지 모른다. 애초에 잘못된 줄 잘 알면서 내가 그저 변명과 궤변으로 엉성하게 항변한다고 말이다. 그렇지 않다. 내가 지방을 친구라고 부를 때, 나는 정말로 그렇게 생각한다. 한발 더 나아가 나는 지방을 멘토라 부르기도 한다.

누가, 어떤 목적으로 지방을 이용하는가?

변방인들은 스스로 시각을 계발하고 확장시킬 수밖에 없다. 불문율의 실체를 밝히지 못한다면, 저 중앙에서 당신을 변방으로 밀어내는 자들과 그 힘의 정체에 촉각을 세우고 정확하게 인지하지 못한다면 살아남을 수 없다. 중심부에 있는 사람들은 변방으로 밀려난 사람들을 이해하려고 애써 수고하지 않는다. 다만 그 변방인들과 자신과의 거리를 가늠하고 확인함으로써 스스로 중앙에 속한다고 안심하는 것만이 목표이다. 그 결과 원한과 질투를 사면서 날씬한 백인, 근육질의 이성애자, 결격 없는 몸을 지닌 데다 부자라는 취약한 상태를 유지한다.

모든 것은 무너질 때 바깥을 향해, 주변부를 향해 파편을 내뿜는다. 당신은 파편에 맞지 않는 방법을 배운다. 하지만 아마 다른 사실도 배울 것이다. 누군가 당신의 어떤 점을 걱정하거나 부끄러워할 때, 혹은 너무 실망해서 그런 점을 세차게 밀어낼 때, 거기에는 반드시 힘이 작동한다는 것을.

그 사실을 아는 게 중요하다. 그 갈등에 작동하는 힘을 깨닫는 순간, 당신은 다른 질문을 던지게 될 것이다. 누가, 어떤 목적으로 그것을 이용하는가?

알고 보면 참으로 가치 있는 질문이다. 이 질문에 대

한 답 때문만이 아니다. 대답은 다양할 수 있다. 그보다는 이 질문이 언제 어떤 상황에서든 유효하다는 사실을 깨닫는다는 점이 중요하다. 알다시피 하찮게 여겨지고 노예화되고 억압당하는 사람들은 이런 질문을 던지도록 독려받지 않는다. 이 질문이야말로, 순종하며 앵무새처럼 흉내만 내라고 가르치는 현실을 훌쩍 뛰어넘어 자기 확신과 분투, 그 이상의 세계로 나아가는 회복의 출발점이다.

예측 불가능한 위험물, 그 주변에 있기만 해도 우리의 분별력과 감각은 날카로워진다. 자신의 신체적 특성에 내재한 힘을 (중앙부 사람들이 그러하듯) 자기 목적에 맞게 사용할 수 있다는 것은 어떤 의미일까?

해방은 언제나 위협인 동시에 약속이다. 하지만 그 위협에 무엇이, 누가 있는지를 알아내는 것이야말로 엄청난 가치를 지닌다. 이 같은 깨달음은 세상을 변화시킨다. 지방은 나로 하여금 그런 질문을 하게 만들었다. 그렇다고 해서 누구나 그런 질문에 이르거나, 동일한 질문에 이른 사람들이 모두 똑같이 된다는 말은 아니다. 그러나 나는 뚱뚱해서 그리고 뚱뚱한 몸을 가진 존재로 산 경험 덕에 자기 인식에 이르는 질문을 던질 수 있었다. 게다가 같은 이유로 자신의 가치를 찾아가는 결정적인 단계에 이른 사람이 나 하나만은 아니라는 것을 잘 안다.

세상과 자이에 대해 이런 인식을 하며 살아간다면, 삶이 아무리 힘들어도 (심리치료를 받아본 사람들이 이따금 노력상처럼 느껴지는 통찰력을 얻듯이) 그 또한 엄청난 선물이다. 나는 고마워할 만큼 지방을 갖고 있고 그것은 나에게 인생을 설계할 토대를 주었다. 만약 그 점이 찬양하거나 고마워할 가치가 없다면, 도대체 무엇을 고마워해야 하는 건지 나는 잘 모르겠다.

뚱뚱함이 나에게 준
몇 가지 선물

이제 나는 지방이 스트레스의 근원이기보다 위안이 된 적이 더 많았다고 부끄럽지 않게 말할 수 있다. 나는 가끔 힘들이지 않고 날씬해지는 알약을 먹을 수 있다면 먹겠느냐는 질문을 받는다. 여러 해 동안 나는 뭐라고 대답해야 할지 몰랐고, 이런 망설임이 스스로도 이상하게 느껴졌다. 그런 약이야말로 틀림없이 내가 꿈꾸고 원하던 것이라고 대답해야만 할 것 같았다. 어느 모로 보아도 힘들이지 않고 한눈에 인정받을 수 있는, 멋지고 아름다운 몸을 얻게 해준다고 보장하는데 누가 원하지 않겠는가. 나라도 그럴 것 같다. 다만 나에게는 나만의 생각이 있다.

뚱뚱함이 나에게 준 여러 선물 중 중요한 하나가 있다. 몸에 관한 적합성과 아름다움은 절대적이지 않다는 사실에 민감하게 눈뜬 것이다. 나는 평생 다른 사람들, 특히 여성들이 내 눈에는 보이지도 않는 신체적 결점을 호소하는 소리를 들어왔고 그 한탄을 이해하려 애썼다.

한번은 자신의 신체적 결점들을 보완해줄 수 있는 것은 오로지 발목뿐이라고 굳게 믿는 여성과 잠깐 사귄 적이 있다. 그 여성의 확신은 너무도 강해서 우리의 관계를 크게 훼손했다. 그녀의 다른 면에 느꼈던 나의 열정조차 우스꽝스러운 그 확신을 뒤엎을 수 없었기 때문이다.

내가 아는 여성들 중 매일 매시간 때로는 매분, 스스로 신체적 결점이라고 믿는 것 때문에 자신을 망치는 사례는 그녀뿐만이 아니다. 언젠가 나는 찻잔을 쥐고 앉아 핸드백에서 티슈를 쉼 없이 꺼내고 있었다. 테이블 맞은편에는 늘씬한 키에 팔다리도 가늘고 이목구비가 우아한 여성이 앉아 있었다. 물결치는 다갈색 머리칼을 망토처럼 어깨에 드리운 그녀는 누가 봐도 전형적인 미인이라고 평할 만한 외모였다. 그런 그녀가 스스로 살쪘다고 생각하는 신체 부위를 남편이 보거나 만질까 봐 절대로 남편 앞에서 자신의 알몸을 드러내지 못한다며 눈물을 지었다.

솔직히 왕성한 성생활을 즐기는 비만인으로서 그 자리에 앉아 있던 나는 흥미로우면서도 불쾌한 감정이 밀려왔다. 그리고 내가 해줄 수 있는 조언이 없으며, 나의 사례를 말해준다고 한들 그녀가 다른 깨달음이나 믿음을 얻지 못하리라는 걸 잘 알았다. 그녀는 지방이 거의 눈에 띄지 않는 몸매였음에도 지방을 너무도 끔찍하게 두려워했다. 그 결과 그릇된 상상은 그녀의 정신을 옭아맸고, 오로지 혐오뿐인 자기 몸에 대한 감정을 고스란히 드러내며 울고 있었다.

많은 이들이 짐작하듯이 이런 상황은 드물지 않다. 우리는 아름답고 가치 있는 신체와 자아에 대한 상상력을 교묘히 통제당하는 문화 속에 살고 있다. 다행히 나는 그 이상의 것을 상상하기 시작한 순간부터 나 자신을 그 통제 안에 가두지 않게 되었다.

나는 "그 마법의 약 먹을래?"라는 질문을 받을 때 안도하며 '오케이.' 하고 대답하지 않았다. 그럼에도 여전히 가능성만은 열어두었던 이유를 이제는 알 것 같다. 이제 누군가 다시 묻는다면 나는 대답 대신 이렇게 되물을 가능성이 크다. "모르겠어. 그런데 다시 원래대로 돌아올 수 있는 거야?"

나는 종종 궁금해진다. 지금과는 완전히 다르게 뚱뚱하지 않은 몸으로 사는 삶은 어떤 것일까? 마찬가지로 가끔은 가랑이에 툭 튀어나오는 기묘하고 취약한 것을 달고 사는 남자의 삶은 또 어떨까? 나는 또한 특정한 유형의 신체로 변하는 게 근본적으로 쉬워진다면 어떨까를 상상한 적이 있다. 예컨대 백화점에 걸어 들어가자마자 단번에 내 몸에 딱 맞는 멋진 옷을 발견하는 기분은 어떨까? 더불어 이른바 수컷의 전형적인 방식으로 상체를 한껏 젖힌 채 느긋하게 앉아 남의 시중을 받는다면 신나고 자유로울 것 같다고 생각해보기도 한다.

하지만 그 어떤 것도 내가 궁극적으로 원하는 삶은 아니다. 나는 두 가지 모두에 회의적이다. 순식간에 날씬해지는 것은 재미있는 경험이지만 그런 다음 원래대로 되돌아오고 싶을지 모른다.

모험은 재미있다. 다만 모험이 즐거운 이유는 집으로 돌아올 수 있기 때문이다. 당신과 내가 친구들 사이에서 편히 머물 수 있는 곳으로.

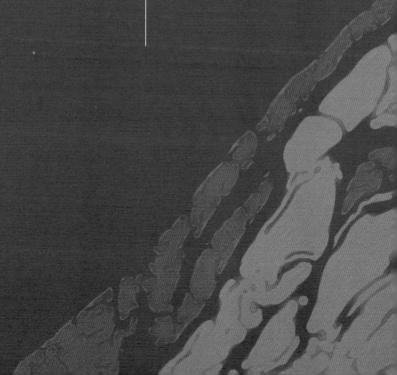

CHAPTER 3 | **누가, 왜, 비만과 살을**
세상의 적으로
만들었는가

우리의 문화는 지방이 추악하고 평판이 나쁘며 위험하다고 매일매일 강조해서 가르치고 세뇌한다. 지방은 심장발작과 고혈압, 당뇨, 뇌졸중을 일으키는 살인자다. 비만은 자기 절제 부족의 산 증거이다. 비만은 자신의 건강에 무책임하고 국가에 의무를 다하시 않는 증거다. 비만은 탐욕과 끔찍한 방종을 나타내며, 따라서 도덕성 결여 또는 우리 문화가 요구하는 인지능력과 자기 통제 결여를 드러낸다.

지각 있는 아이들은 일찌감치 어른들이 보여주는 혐오와 반감의 표현을 해석하고 흉내내는 법을 배운다. 따라서 아이들은 재빨리 비만을 보는 시선과 혐오감 표현을 연결짓기 시작한다.

하지만 지방은 원래부터 불쾌한 것이 아니다. 만약 그렇다면 토실토실하고 건강한 아기들은 거부감 때문에 절대로 살아남지 못할 것이다. 요점은 우리가 그렇게 믿도록 배운다는 사실이다.

우리 생명의 필수요소가
악의 메타포로 전락하기까지

내가 이 장을 쓰는 이유는 지방의 위험과 불결함에 대해 우리가 믿게끔 배우는 모든 것들이 틀렸거나 맞다고 규정하려는 것이 아니다. 그보다는 지방이 우리 삶을 끊임없이 위협하는 적이라는 믿음이 일상 전반에 만연한 이유를 찬찬히 고찰해보는 편이 더 중요한 듯하다.

우리 사회가 감정적으로나 신념으로나 지방을 얼마나 강경하게 대하는지, 그 이유를 새삼 따져 묻는 것이 이상할 지경이다. 현재 우리 사회에서 지방이 생명에 가장 심각한 해를 끼치며 어떻게든 막아야 하는 것으로 간주된다는 사실을 모르는 사람은 없을 듯하다. 그와 동시에 지방이 언제나 이미 우리 곁에 존재해왔다는 사실을 깨닫고는 깊이 분개한다.

지방은 처음부터 거기 있었기 때문에 우리 안으로 들어오는 것을 피할 수 없다. 그 지방의 매혹과 이로움을 찬찬히 들여다볼 겨를조차 없이, 사람들은 반사적으로 지방을 비난하려 든다. 묻지도 따지지도 않고 우리는 언제나 이스타시아Eastasia(조지 오웰의 소설 《1984》에 나오는 3대 초강대국 중 하나. 독재정으로 적대적 공생체제를 유지하기 위해 끝없이 서로 전쟁을 벌인다―옮긴이)와 전쟁을 벌여왔으니 말이다.

전쟁의 메타포와 오웰Orwell 식의 주문呪文은 결코 과장이 아니다. 우리는 매일 스스로 지방과 전투를 벌이도록 자극받는다. '팽창과 전투'를 벌이고, 스스로 이른바 '지방 발파공들'로 진용을 갖춘다. 체계적으로 전략을 짜주고 군사행동 지휘법을 알려주는 저격범을 돈을 주고 고용한다. 모든 전쟁이 그렇듯 이 전쟁에서도 심리가 중요하다.

적과 싸우기 위해서는 적을 충분히 증오하고 두려워

하는 것이 열쇠다. 지방 같은 적(비록 싸우거나 반격은 하지 않아도 적을 박멸하려는 우리의 노력을 어찌나 음험하고 교활하고 지독하게 좌절시키는지 모른다)은 우리가 계속해서 공격과 증오의 강도를 높이기를 요구한다. 특히 결정적인 승리가 눈에 보이지 않을 때 우리는 반드시 사기를 높이기 위해 노력해야 한다.

문화사가 알려주듯이 우리가 언제나 이랬던 것은 아니다. 과거, 특히 서구 문화권에서는 원래 지방과 싸우지 않았다. 만약 역사적 기록이 믿을 만하고 문학이 옳은 길잡이라면 우리는 그 사실을 충분히 목격해왔다.

선조들이 오늘날처럼 지방을 불사의 적으로 보지 않았다는 점은 우리에게 몇 가지 중요한 시사점을 준다. 첫째, 지금 벌어지는 비만과의 전쟁에는 시작이 있고, 모든 전쟁이 그렇듯이 발발한 이유와 시점이 있었다. 이 경우에는 뒷이야기가 간단치 않다. 여기에는 두 가지 역사적 배경이 밀접하게 얽혀들어 있다. 하나는 기초 생체의학적으로, 다른 하나는 사회학적으로 우리가 어떻게 지방과의 전쟁터에 뛰어들게 되었는지 설명해준다.

이제 나는 당신이 역사가처럼 접근해주기를 바란다. 연대기 순으로 정연하게 서술되는 이야기가 아니라 필요에 따라 종횡무진할 생각이다. 대신 보이지 않는 뿌리가 뻗어 나가 서로 얽히는 땅속줄기를 떠올려 보라. 표면으로 솟아난 싹보다 눈에 드러나지 않는 뿌리는 더 방대하고 중요하다. 그 연결고리를 보려면 조금 더 깊숙이 파보아야 한다.

'비만obesity'라는 용어는 라틴어의 obesus에서 유래한 말로 1622년 의학서에 처음 등장한다. 19세기 이전에는 지방에 대한 의학적인 언급이 그야말로 소소했다. 당연히 지방에 대해서도 별로 알려지지 않았고, 의사들의 시간과 정력을 빼앗는 문제도 아니었다. 전쟁 따위는 없었고, 에너지와 감정을 광적으로 소비하는 대상도 아니었다. 지방에 관해 긴급한 느낌도 없었다.

대부분의 의학 역사서를 보면, 지방은 인체의 다른 성분처럼 근본적으로 가치 중립적이었다. 지방은 어쩌면 의혹을 받았을지도 모른다. 그러나 그 반대였을 가능싱이 디 그다.

어떤 사람들은 이렇듯 지방에 대해 의학적으로 긴급하게 다루지 않은 걸 두고 무지 때문은 아니었을지 의심한다. 오래전에 살았던 사람들의 지식이 부족했던 게 틀림없다고 추측한다. 대답은 'No'이다. 속담에도 있듯이 '과거는 다른 나라'이지만 그때 살았던 사람들이 반드시 우리보다 덜 똑똑하고 덜 유능했던 것은 아니다. 우리의 선조 의사들은 관찰력이 뛰어났다. 그들은 경우에 따라 지방이 건강 문제의 전조가 되거나 문제를 수반할 거라고 인식하고 있었다.

건강과 신체에 대한 의술뿐만 아니라 그리스와 로마의 의학서에 대한 지식도 해박했던 소위 '중세'의 페르시아 의사들은 우리에게는 최고 자산이다. 그들은 비교적 문명화된 서구인들이 자신들의 고전적 유산을 그대로 방치하던 시기에 그것을 보존했다. 알 라지Al Rhazi(9세기 아바스 왕조의 대학자, 의학과 화학, 철학 분야에서 활약했는데 특히 의술 분야로 명성을 떨쳤다. 수두에 대한 연구로 유명하다. 말년에 그가 남긴 총서(아랍어로 Al-Kitab al-Hawi, 라틴어로 Liber Continens는 13세기에 완역된 이후 서구권에서 가장 널리 쓰인 의서 중 하나가 되었다—옮긴이)

이븐 시나
11세기 이슬람의 의학자이자 철학자였다.

이븐 시나가 펴낸 《의학전범》
경이롭다고 평가할 수밖에 없을 만큼 방대하고 깊이 있는 의학 지식을 망라하고 있다.

와 이븐 시나Ibn Sina(980~1037년, 중세 이슬람의 철학자이자 의사. 당시의 문명 수준으로 감히 견줄 만한 것이 없는 의학서 《의학 전범》을 집필했다─옮긴이), 그리고 이븐 알 나피스Ibn al Nafis(1213~1280년. 다마스쿠스의 이슬람학 학자. 혈액 소순환(폐순환)을 처음 발견했다─옮긴이) 같은 페르시아인들은 9~13세기에 걸쳐 과잉 지방이 여러 가지 건강상 문제를 야기한다는 사실을 경고하는 저술을 남겼다. 예를 들어 우리가 지금 내분비 질환이라고 부르는 질병을 부분적으로 지방과 연관지어 설명한 것이다. 비록 인과관계를 밝혀내지는 못했지만 지방이 지금 우리가 심장병이나 뇌졸중이라고 부르는 혈관 질환과도 관련이 있음을 감지했다.

이렇듯 조예 깊은 전문가들은 과잉 지방으로 인해 의학적인 문제가 일어날 수 있다는 데 동의했지만, 지방에 대한 그들의 대화는 여전히 두루뭉술하다. 그들은 어느 정도의 지방이 '과잉'이고 위험한지 정의하지 않았다. 뚱뚱해지는 이유에 대해서도 의견이 일치하지 않았다. 어떤 의사들은 선천적인 문제라 여겼고 다른 의사들은 불균형한 체액 탓으로 돌렸다. 잘못된 식습관의 결과일 수도 있고 정신 활동이 너무 적거나 나쁜 생각을 너무 많이 해서, 혹은 이런 원인들이 복합적으로 작용해서 뚱뚱해진다는 의견도 있었다. 뚱뚱함에 대한 분석은 환자와 그것을 분석하는 의사에 따라 완전히 달랐다.

따라서 치료법 역시 사안별로 다양했고, 아마 효과도 다양했을 것이다. 다만 우리가 과거의 상황을 확실히 알 수 없는 건, 과거 의사들이 비만을 중요한 골칫거리로 보지 않았음을 암시하듯 지방에 대해 별다른 기록을 남기지 않았기 때문이다.

이런 상황은 오늘날 우리에게 선뜻 믿기지 않지만 이해가 되는 면도 있다. 사람들이 출산이나 감염병으로, 혹은 알 수 없는 유행병이나 설사 따위로 흔하게 사망했던 환경에서 지방은 의사들에게 큰 걱정거리가 아니었기 때문이다. 오히려 의사들은 누군가 아주 건강하고 잘 먹어서 뚱뚱해졌다면 꽤 잘 지내는 것으로 여겼을 것이다.

기독교의 금욕주의,
금식을 성스러운 행위로 찬양하다

같은 시기, 대부분의 서구 기독교 사회에서는 지방이 다른 종류의 감시를 받고 있었다. 초기 기독교 시대 이후로 몸과 몸의 욕구는 기껏해야 용의자, 나쁘면 악당 취급을 받았다. 음식, 술, 섹스, 그리고 모든 감각적인 쾌락은 그리스도교 신자가 신과의 관계를 우선하지 못하게 방해하는 원흉이었다. 더욱이 신이 깃들어 있는 신체를 순결하게 지키지 못하도록 만드는 장애물이었다.

교회는 금욕 주간과 더불어 몇 개의 축일을 의례로 만들기 위해 이내 달력을 개발했다. 음식을 거부함으로써 살을 빼는 것은 덕을 쌓는 방법으로 인식되었다. 그것은 루돌프 벨Rudolf Bell이나 캐롤린 워커 바이넘 Caroline Walker Bynum, 존 브럼버그Joan Brumberg 같은 역사가들이 자세하게 분석해온 패턴이다.

특히 여성 신자들은 남성 신자들과 달리 진심과 헌신의 순도를 입증할 공개적이고 과감한 선택권이 부족했다. 그 결과 우리가 지금 신경성 무식욕증anorexia nervosa이라고 부르는 것과 매우 비슷한 방편을 선택하지 않을 수 없었다. 종교적으로 감화되어 먹는 것을 거부하는 일명 '성스러운 거식증Anorexia mirabilis'은 극단적이고 위험한 행위임에도 불구하고, 매우 고결한 것으로 여겨졌다.

성인들의 전기를 보면 이런 거식증이 칭송 일색으로 강조되고 있다. 매일 먹는 성찬보다 더 먹으라는 상급자의 명령을 무시한 끝에 1830년 33세로 굶어 죽은 시에나의 카타리나Catharina de Siena(1347~1380년, 이탈리아의 도미니코 참회 수녀회 소속 스콜라 철학자이자 기독교 신학자. 1999년 유럽의 공동 수호성인으로 지정되었다─옮긴이)는 교회력에서 정한 신성한 금식으로는 성에 차지 않았던 무수한 성녀 중 하나였다.

금식을 성스러운 행위로 인식하고 인간의 몸을 정화하는 것을 신성불가침으로 여기면서 마른 몸은 점점 미덕의 상징이 되어갔다. 반면 뚱뚱함은 사악함과 탐닉의 동의어가 되었다. 부활절이 되기 전 단식과 애도, 참회의 주간인 사순절에 앞서 관례상 쾌락의 축제가 선행되었던 것은 우연이 아니다. 'Mardi Gras(참회 화요일)' 혹은 '기름진 화요일'은 모두 사순절에 금지되는 기름진 음식과 관계가 있다. '카니발Carnival'(기독교의 사순절 직전, 3~7일에 걸쳐 행하는 제전—옮긴이)은 사순절에 지켜야 하는 덕목인 '고기를 치워둔다'는 의미의 라틴어 carne vale에서 유래한다. 교회력에서 일 년 중 그리스도의 생명이 재현되는 기간의 정점, 희생과 구원과 가장 밀접하게 관련된 그 순간에 기독교의 교리는 신앙심이 얕디얕은 신도들조차 말 그대로 빈약한meager('마른' 혹은 '수척하다'는 의미인 라틴어 macrum에서 유래한 단어) 음식만을 먹도록 요구한다. 미덕과 마름, 성스러움과 단식, 육신의 (죽을 정도로) 고행을 통해 정화되는 몸은 유럽인의 상상력 속에서 떼려야 뗄 수 없는 관계로 얽히게 되었다. 결국 서구 세계는 뚱뚱함과 마름에 대한 자신들의 도덕률을 옆구리에 낀 채 세력을 확장하기 시작했다.

서구 제국주의가 유포한
'비만 포비아'

15세기 이후 유럽인들이 전 세계로 시야를 넓혀가면서 새로운 사람, 새로운 장소, 새로운 언어, 새로운 문화가 눈에 들어왔다. 하지만 새로 알게 된 전 세계 이웃들과 공존을 모색하기에는 백인 기독교 유럽인들의 그릇이 너무 작았다. 제국주의자들은 무력 과시를 통해 전 세계 비유럽인, 비백인들에게 제국주의 유럽의 문화만이 유일하게 정당하고 합리적이라는 믿음을 강요했다. 유럽의 식민지가 되어, '문명화된' 유럽인의 힘에 복종할 것을 요구했다.

제니퍼 모건Jennifer Morgan과 아네트 콜로드니Annette Kolodny를 필두로 이런 식의 식민적 조우를 연구한 학자들은, 식민화된 사람들과 지역에서 유럽인이 드러낸 방식의 특징적인 변화를 추적해왔다. 탐험 시대(대항해 시대, 15세기부터 18세기 중반에 걸쳐 유럽의 배들이 세계를 돌아다니며 항로를 개척하고 탐험과 무역을 하던 시기—옮긴이)의 유럽인들은 아름답고 강인하며 친근한 육체, 풍

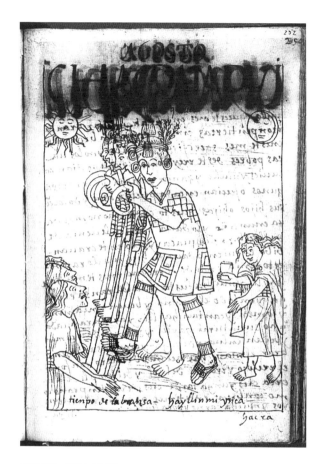

쟁기질하는 안데스 인디언

1615년 펠리페 구아만 포마 드 아일라가 그린 이 그림은 쟁기질을 해서 이랑과
고랑을 만들고 그 위에 작물을 심는 인디언의 지혜를 잘 묘사하고 있다.

요롭고 힘들이지 않고 수확이 가능한 낙원 같은 비옥한 땅에서 타락 이전 시대의 유토피아를 보았다.

이에 반해 제국주의자들은 그것을 원시적이고 야수적인 몸뚱이, 거칠고 반목하는 풍경으로 간주했다. 정복지의 모든 것은 기독교 신을 자기들 편에 둔 백인 유럽인들의 우월한 의지 아래 복종해야만 했다.

17세기에 북미 땅을 다양하게 모험한 유럽인들의 여행서에는 원주민들이 유럽인만큼이나 현명하고 강인하며 아름답다고 묘사되어 있다. 아프리카인들도 17세기 유럽인들의 눈에는 재주 좋고 고상하며 아름다운 사람들이었다.

그로부터 1세기가 지나 제국주의가 발을 들이고 국제 노예무역이 시작되면서 이들 비유럽인이 유럽인 우선주의에 순순히 따르지 않는 경향이 생겨났다. 그러자 식민 개척자들에게는 이 식민지의 주민들이 적은 아니더라도 확실히 관리가 필요한 문젯거리로 대두했다. 유럽인들은 부랴부랴 비유럽인들을 '원시적이고' '문명화되지 않았으며' '부도덕하고' '변변치 못하다'고 규정짓는 데 열을 올렸다. 더불어 '무지하고' '야만적이며' '탐욕스럽고' '게으르며' 당연히 '추악하다'고 아이들에게 가르치기 시작했다. 특히 내가 사는 미국에서는 이러한 정형화가 지방을 두려워하고, 타자를 혐오하는데 결정적인 역할을 하게 되었다.

역사가 사브리나 스트링스Sabrina Strings가 2019년《흑인 신체 두려워하기: 비만 포비아의 인종적 기원Fearing the Black Body:The Racial Origins of Fat Phobia》에서 명쾌하게 조명했듯이 그런 관점은 아프리카 흑인들의 노예화와 밀접한 관련이 있다. 흔히 말하는 비만에 대한 혐오는 제국주의나 인종주의뿐만 아니라 계급주의, 자본주의, 성차별 그리고 이에 따른 권력과 지배의 역동성과 깊은 관련이 있다. 조상 대대로 살아온 땅에서 포획된 많은 아프리카인이 노예 무역선에 내던져진 채 머나먼 곳으로 끌려가게 되면서, 포획자들은 다양한 방식으로 자신들과 포로가 된 사람들 간 거리를 만들기 시작했다. 노예와 제노사이드, 교전을 연구하는 학자들에게 '비인간화dehumanization'는 가해자들이 자신들의 잔혹 행위를 묵인하고 심지어 정당화하기 위한 방편으로 널리 알려져 있다. 제도화된 노예의 숫자가 늘어날수록 미국에서는 제국주의와 백인우월주의에 기반한 타자화의 별칭들이 급속하게 증가했다.

그 결과 흑인의 몸은 점점 더 원시적이고 동물적이며 추악하고 균형이 맞지 않고, 백인의 몸보다 열등한 것으로 취급되었다. 이런 경향은 지금까지도 좀처럼 사라지지 않고 있다. 당신이 당장 기억을 뒤지더라도 최근 미국 대통령이라든가 흑인 여성 테니스 챔피언이 곧바로 떠오를 것이다. 그들을 중상하는 사람들은 흔히 '못생긴 데다' '균형이 맞지 않고' '무지하고' '서출에' '원숭이 같다'라는 말로 흑인을 희화화한다.

'뒤룩뒤룩 살찌고, 게으르고, 멍청한 흑인들', 노예제에 정당성을 부여한 기만술

스트링스가 분명히 지적했듯 이런 모략은 미국에서 18~19세기 초반에 시작되었다. 노예가 더 흔해지고 눈에 많이 띌수록 흑인에 대한 비인간화도 일상적으로 이루어졌다. 단지 흑인의 외모와 신체만 악마화한 게 아니었다. 도덕적 저주는 이런 규정짓기에서 빠뜨릴 수 없는 부분이었다. 북미의 영토에서든 아프리카에서든, 노예나 자유민 가릴 것 없이 흑인들은 선천적으로 게으르고, 흥청망청 먹고 마시고, 섹스를 좋아하고, 농땡이를 부리고, 무엇보다 남의 것을 훔치기 좋아하는 존재라고 백인들에 의해 규정되어 있었다.

프랑스의 《백과전서》 편집자 드니 디드로Denis Diderot의 친구인 장 밥스티스 피에르 르로맹Jean-Bapstiste Pierre Le Romain(18세기 프랑스의 엔지니어이자 백과사전 편찬자 — 옮긴이)은 1765년 《백과전서》에 기고한 글에서 세네갈의 노예들은 '아프리카 전체에서 가장 매력적인 것으로 알려져 있다. (…) 앙골라 해변, 롱고스의 왕국들과 콩고에는 매력적인 검둥이들이 넘쳐난다. (…) 쾌락을 좋아하는 그들의 기호에는 고된 노동이 잘 맞지 않는다. 그들은 대체로 게으르고 겁쟁이며 폭식을 좋아한다.'라고 적었다.

그로부터 100년 후 인간의 미와 가치에 대한 인종주의적 관념은 아프리카인을 뚱뚱할 뿐만 아니라 야만적이고 비호감에 정상에서 벗어난 존재로 단단히 고착화시켰다. 스트링스는 1879년 〈하퍼스 바자Harper's Bazaar〉에 게재된 '미에 대한 고정된 사실들The Fixed Facts of Beauty'이라는 제목의 에세이를 인용한다. 스트링스는 카프카스에서 기원한 '코카서스인종'에 관해 언급하면서 그들은 '(…) 완만하고 섬세한 곡선, 완벽한 라인, 호리호리한 우아함을 가진 그리스 타입을 모델로 삼는다'며 '울룩불룩하고 살집이 많은 것을 좋아하는 아프리카 인종과 아주 다른 시각을 갖고 있다'고 적힌 에세이의 한 대목에 주목한다. 그는 이렇게 말한다. "이런 식으로, 이 글은 인종과 체중의 관련성을 강화한다. 그 전에 출간된 〈고디스 레이디스 북Godey's Lady's Book〉(1830년부터 1878년까지 필라델피아에서 발간되었던 여성 잡지)과 다르지 않게 〈하퍼스 바자〉 역시 '울룩불룩' 튀어나온 살을 재미있게 표현함으로써 아프리키와 터키 인종의 열등함을 널리 알렸다. 그리고 이런 표현은 자동적으로 매끈한 백인의 우월함을 강조한다."

이 같은 개념을 만든 장본인이 바로 흑인을 노예로 만들어 차취한 덕에 성공적인 삶과 부를 일군 백인들이었다는 점을 알아둘 필요가 있다. 노예의 노동력은 18세기와 19세기 미국과 다른 몇몇 지역, 가령 카리브해와 남아메리카의 설탕 플랜테이션 등에서 일견 무한해 보이는 경제적 발전을 가능케 한 원동력이었다. 그것을 강제로 수행한 흑인들의 몸뚱이가 없었다면, 그 땅을 일구고 거기서 나는 농산물을 판매 가능한 상품으로 바꾸는 추출 경제에 순수한 농사꾼 인력만 투입됐다면, 신대륙의 유럽 식민 개척자들과 그 후손들의 부의 축적은 한참 지체되거나 불가능했을 것이다.

고용 계약서를 팔아 신세계로 가는 통행료를 지불한 사람들을 포함한 가난한 백인들도 언제나 노동 현장에서 일부분을 차지했지만, 흑인과 갈색 피부의 수백만 명에 비하면 극소수였다. 흑인과 갈색 피부 사람들의 근육과 땀과 수고로 땅을 다지고, 농장을 건설하고, 식물을 심고, 수확하고, 가축을 치고, 목화를 따고, 그 외 수많은 일이 이루어졌다. 신대륙, 특히 북아메리카의 경제와 문화의 성공은 원주민에 대한 도둑질과 착취, 나아가 유럽인의 후손인 백인들이 아프리카인과 그 후손 흑인들을 노예화한 결과였다.

엘리트 백인 남성들,
인종주의적 청교도 정신에 사로잡히다

　노예화는 부를 낳았고, 그렇게 축적한 부는 미국 백인들에게 무한한 가능성을 안겼다. 교육과 건축, 예술 장려, 자선 활동, 사회적 연결망, 윤택한 생활, 문화적인 교양…. 이 모든 것은 우리의 기독교 중심 자본주의와 유럽 중심 문화의 힘과 지성, 선량함을 보여주는 것들이다. 스트링스의 주장에 따르면, 흑인의 몸을 혹사해 부를 축적한 18세기와 19세기 초반 대서양 양쪽의 백인 문화는, 특히 교육을 통해 길러지는 이성과 철저한 청교도적 신앙심은 이런 덕목들을 미학적으로 발날시켰다.

　이제 사람들은 이성과 분별력, 기독교 교리에 맞는 절제력 같은 것들을 육체적 욕망에 적용시키면 마르고 가느다란 체형이 만들어질 수밖에 없다고 믿었다. 살집 없는 몸매는 덕을 드러내는 수단이었다.

　이런 가치관은 불운하게도 여성들에게 더 강력하게 작용되었다. 덕을 바로 드러내는 것은 언제나, 남성보다 여성들에게 더욱 중요했다.

'미치광이에다 평판도 나쁘고 알고 지내기에는 위험한 사람으로' 여겨졌던 바이런은 이렇듯 퇴행적이고 인종주의적인 심미안에 철저히 사로잡혀 있었다. 알려졌다시피 그는 뚱뚱하면 우둔해지고 느려진다는 자신의 믿음을 끝까지 고집했다. 따라서 그는 살을 빼려고 열심히 노력했던 최초의 백인 유럽인으로 기억되고 있다. 그는 살찌는 것에 대한 두려움을 자신에게 국한하지 않았다. '무모하게 먹는 여성'들을 향해 아낌없는 경멸을 쏟아낸 것이다. 1812년 9월, 연인 캐서린 램 Catherine Lamb에게 쓴 유명한 편지에서 바이런은 아내 애너벨라에 대해 '닭 날개와 달콤한 빵, 커스터드와 포트 와인까지, 그녀가 그렇게 저녁 식사를 많이 먹지 않으면 좋겠다. (…) 모름지기 여자는 랍스터 샐러드와 샴페인 외에 다른 것을 먹고 마시는 모습을 남에게 보이지 말아야 한다. 그런 음식만이 진정 여자다운 여자에게 어울린다.'라고 썼다.

엘리트 백인 남성들의 정치적 견해에 완벽히 들어맞는 날씬하고 고귀하고 고급스러운 여성에게 어울리는 적절한 음식, 나아가 연약하며 고상한 여성성은 영국과 미국의 엘리트 백인 여성들이 추구해야 할 덕목으로 권장되었다.

검은색은 일상 전반에서, 특히 외모나 인간성과 관련해 수치스럽고 빈곤하며 질 낮은 것으로 폄하되었다. 검은 몸은 아무리 건강하고 생산적이어도 즉각 추한 몸, 불완전한 인간의 몸이 되었다.

많은 노예 여성들이 주인의 아이를 배고, 노예 여성이 낳은 그 아이가 인종적으로 섞인 조상을 두어 피부색깔이 옅어지더라도 노예는 노예였다. 교묘하게 구축된 미국 노예의 합법성은 노예를 어머니의 상태와 결부시켰다. 흑인 여성의 몸에서 태어난 백인 주인의 아이는 흑인 노예가 되었다. 따라서 '게으르고' '탐욕스럽고' '추악하고' '모양이 정상이 아니며' '기괴하고' '멍청했다.' 이 모든 의미를 포함해 간단히 한 단어로 표현하자면 '뚱뚱했다.'

125년간 백인 가족의 아침식탁을 책임진, 뚱뚱하고 무지한 검둥이 '마미'

이렇듯 지방 혐오는 최근 들어 불쑥 나타난 현상이 아니다. 오랜 세월 동안 깊이 배어든 탓에, 우리가 아무리 썩어빠진 고정관념이라고 강조하더라도 하루아침에 제거되기 힘들다. 잘못된 잣대는 흔히 말하는 비만에만 적용되는 게 아니다. 인종, 계급, 성별, 권력에서도 그대로 적용된다.

2014년 명저 《인종 술수—미국인의 삶에 있어서 불평등의 핵심*Racecraft: The Soul of Inequality in American Life*》에서 연대순으로 기술한 바버라 J. 필즈Barbara J. Fields와 캐런 필즈Karen Fields를 비롯해 많은 역사가가 지적했듯이 그런 경향은 노예해방 이후 더욱 노골화되었다. 노예제도가 제공하는 예속 시스템이 더는 소용없게 되면서 흑인을 멸시하고 조롱하는 표현들이 더 공공연하게 유포되기 시작한 것이다. 이 시기에는 Ki Klux Klan뿐만 아니라 앤터벨럼Antebellum(18세기 말부터 1861년 미국 남북전쟁이 발발하기 전까지 미국 남부의 역사적 시기를 가리

킴. 노예폐지론이 부상하고 노예폐지론자와 노예제 찬성자들 간 갈등이 점차 극단적 양상으로 전개되었다—옮긴이) 시절에 대한 문라이트 앤 매그놀리아moonlight and magnolias(소설 《바람과 함께 사라지다》 영화화를 둘러싸고 영화사에서 벌어진 해프닝을 다룬 극작가 론 허친슨의 2004년 희곡—옮긴이) 식의 낭만적인 시각이 부상했다.

재건시대Reconstruction(남북전쟁 이후 1865~1877년 사이 전국에 걸쳐 일어난 재건 시기—옮긴이)가 저물고 맞이한 20세기 초에는 해리엇 비처 스토우Harriet Beecher Stowe의 노예해방 전 작품 《엉클 톰스 캐빈》(1852년)에서 처음 만들어진, 대단히 충성스럽지만 의존적이고 무지하며 뚱뚱한 마미의 캐리커처가 등장했다. 노예해방 이후 골수 백인우월주의자인 토머스 딕슨Thomas Dixon이 발표한 소설 《클랜스맨The Clansman》(백인들의 비밀결사인 KKK단을 마치 정의의 십자군처럼 그린 반면, 흑인들은 백인 여성을 겁탈해 흑인 인구를 늘려서 종국에는 흑인 독재국가를 세우려는 악마로 묘사한 소설이다—옮긴이)에 흑인 하녀 마미가 비중 있게 등장한 것이다. 그 소설은 이내 영화감독 D. W. 그리피스D. W.Griffith의 악명 높은 영화 〈국가

영화 <국가의 탄생> 신문광고
역사 왜곡과 흑인 혐오를 노골적으로 드러낸 악명 높은 작품이었다. 한 세기
넘게 식품 포장재의 모델로 활용돼온 '뚱뚱한 흑인 노예 아줌마 마미'의 이미
지는 이 영화에서 처음 만들어졌다.

의 탄생〉(1915)으로 만들어졌다.

둥근 얼굴과 뒤룩뒤룩한 목, 거대한 가슴, 풍만하지만 무성無性의 몸을 가진 무지한 마미는 자신의 비천하고 비굴한 운명에 만족하며 백인에게 헌신하는 모습을 보여준다. 뚱뚱하고 충직한 마미는 노예제를 낭만적으로 옹호하는 사람들이 원하는 선량한 검둥이였다.

그녀에 대한 신격화는 팬케이크 형태로 돌아왔다. 바로 제미마 아줌마다. 머릿수건을 쓰고 환하게 웃는 살찐 뺨의 갈색 얼굴은 1889년 미주리에 셀프라이징 밀가루 공장이 설립된 후 줄곧 제품 포장지를 장식해 왔다. 미국에서 아침식사를 하는 사람들은 125년 넘는 세월 동안 말 그대로 환하게 웃는 뚱뚱한 흑인 여자 노예의 이미지를 섭취해 온 것이다.

평범한 관찰자에게는 제미마 아줌마의 이미지가 혐오나 인종주의에 근거한 것처럼 보이지 않는다. 그러나 이런 이미지는 교묘하게 흑인 노예에 대한 살아있는 기억과 감정을 활성화한다. 기쁘게 시중드는 뚱뚱한 얼굴은 소비자(아마도 백인)들로 하여금 충분히 이익을 제공받고 있으며, 나아가 그녀의 검은 피부가 자신의 흰색을 돋보이게 해준다는 안도감을 느끼게 한다. 게다가 자신의 노예 상태를 편안하게 받아들이는 듯한 제미마 아줌마의 이미지는 백인 지배에 저항하지 않는 흑인이라는 그릇된 메시지까지 심어놓았다. 노예제가 종식된 후 흑인들이 미국인의 일원으로 동화되는 과정이 삐걱거리는 데다 대량 이민까지 겹친 시대에, 그런 메시지는 백인들에게 그야말로 깊은 위안을 주었다.

1860년대부터 1930년대에 이르기까지, 미국 태생 백인들과 '아메리칸'('토박이' 백인 미국인이 열망하는 삶과 혐오하고 거부하는 삶, 그런 삶에 속하는 사람과 그렇지 않은 사람, 그런 삶을 누릴 자격이 되는 사람과 그렇지 않은 사람을 구별하는 상징적 단어였다)들의 의중에 그 점은 매우 중요했다. 따라서 그 시기 수많은 정치 만평에서 다루는 뚱뚱함과 추잡함, 탐욕, 빈곤, 무지의 이미지에는 흑인뿐만 아니라 아직 '백인'으로 편입되지 못한 이탈리안, 유대인, 폴란드인, 헝가리인 심지어 스웨덴인까지, 수십 개의 이민자 그룹에 대한 시각도 포함되어 있었다.

마침내 역사의 뒤안길로 사라진 '앤트 제미마'

무려 131년 동안 팬케이크 가루와 시럽 브랜드로 사용돼온 '앤트 제미마'가 2020년 미국을 뒤흔든 인종차별 반대 운동 덕에 마침내 퇴출됐다. 이 브랜드의 흑인 중년 여성 이미지는 영화 〈국가의 탄생〉에서 백인 주인들을 충직하게 섬기는 순종적 흑인 하인 마미에 뿌리를 두고 있어 그간 인종주의를 부추긴다는 비판을 받아왔다.

세월이 지나면서 지방 혐오는 정상적인 것이 되었고, 그 인종주의적 뿌리는 드러나지 않은 채 널리 뻗어 나갔다. 그리고 지금도 여전히 막강한 힘을 발휘하며 개인의 체형을 근거로 비인간화dehumanization하는 도구로 쓰인다. 그런 유형에 속하는 인간은 완전한 인간이 아니며, 인간으로서 적절히 대접받을 수 없다는 인식으로까지 확장되었다. 따라서 동시대 미국에서 누군가를 '뚱보'라고 표현하는 것은 모욕이 아닐 수 없다. '뚱뚱함'은 굴욕이고 명예훼손이며, 즉각 역겨움과 반감, 수치심을 불러일으킨다.

이렇듯 반사적이고 압도적인 연상과 그에 따르는 감정은 우리의 사고능력을 마비시켜 버린다. 분석적이고 이성적인 우리의 두뇌는 수치심과 두려움, 굴욕감으로 위축될 때 제대로 작동하지 못한다. 수 세기에 걸쳐 비만을 적으로 만들어온 결과, 지방은 우리를 인형 줄에 매달고 조종하는 그 무엇이 되어버렸다. 우리가 비만을 그토록 즉각적이고 강력하게 수치와 고통, 인간다움의 상실과 동의어로 만들어온 결과물로서 비만 역시 우리의 이성을 거부하는 힘을 얻게 된 것이다.

노엘 이그나티에프Noel Ignatiev의 초기 책《아일랜드인은 어떻게 백인이 되었나How the Irish Became White》라는 제목이 암시하듯이 결국 아일랜드인들의 백인 동화는 이루어졌다. 어떤 사람이 아메리칸이라는 집단에 소속될 가능성이 높은가에 대한 감수성이 확산하면서 비만에 대한 공공연한 인종주의는 점차 완화되었다. 그렇다고 완전히 사라진 것은 아니었다. 일례로 콜로라도 대학교 법학과 교수 폴 캠포스Paul Campos는 최근 남부 캘리포니아의 남미 이민자들에 대한 편견을 드러내기 위해 비만을 무기로 사용하는 실태에 관한 글을 썼다.

돈이 굴러 들어오는 비만 장사,
건강식품 운동과 손잡은 의료산업

하지만 오랫동안 심화한 지방과 비만에 관한 혐오감을 지속시키고 널리 유포하는 데는 더 효과적인 수단이 있었던 것으로 밝혀졌다. 의학은 문화적인 중요성과 기술, 그리고 권위가 계속해서 상승하는 중이었다.

더욱이 지방 혐오 확산에 결정적인 역할을 했다. 어쨌든 누구나 몸을 갖고 있으므로, 누구든 자신이 혐오와 (상징적으로) 지방의 유독하고 모멸적인 피해 당사자가 될 수 있음을 알게 된 것이다.

미국에서 이런 현상은 19세기 후반부터 생겨났다. 노예해방과 1차 대량 이민의 물결이 한데 맞물려 강렬하고 격동적인 흐름으로 치닫던 시기다. 잭슨 재임 기간 싹튼 반지성주의(반지성주의 또는 반주지주의는 지성, 지식인, 주지주의를 적대하는 태도와 불신을 말한다. 주로 교육, 철학, 문학, 예술, 과학이 쓸데없고 경멸스럽다는 조롱의 형태로 나타난다. 또는 학계의 엄격한 기준에 부합하는 데 실패한 자칭 지식인들을 반지성주의자라고 부르기도 한다─옮긴이)에 뿌리를 둔 대중건강운동The Popular Health Movemen은 스스로 자신의 건강을 완벽히 관리할 수 있다는 개념을 탄생시켰다.

이를 둘러싸고 수많은 책과 강연, 비즈니스가 생겨나기 시작했다. 실베스터 그레이엄 목사Reverend Sylvester Graham(현재 그의 통밀 건강 크래커가 설탕투성이 어린이용 과자로 취급받는 운명을 그가 안다면 몹시 충격을 받을 것이다)를 포함해 인기 건강 전도사들은 대학에서 훈련받은 의사들에 대해 몹시 회의적이었다. 현대의학의 성공을 만든 과학적 진보가 여전히 진행 중이던 시대 상황을 고려하면 그럴 만도 했다. 이런 학문적 불신은 누가 뭐래도 자기 몸을 제일 잘 아는 스스로가 최고의 의사라는, 미국인 특유의 뿌리 깊고 치명적인 확신을 발전시켰다.

건강에 대한 이런 접근은 본질적으로 도덕적 요소를 내포하고 있었다. 도덕적 미덕이 몸으로 나타난다는 수 세기에 걸친 믿음은, 대중건강 신봉자들로 하여금 나쁜 식습관과 위생 불량이 도덕과 신체의 오염, 질병, 심지어 죽음까지 초래할 수 있다는 확신을 품게 했다. 특히 장 건강은 도덕적으로 올바른 생활, 정상적이고 강건한 신체의 열쇠로 여겨졌다. 혈기왕성하고 고결한 미국인은 특히 양념하지 않은 채소와 정제하지 않은 곡물, 우유, 많은 양의 깨끗한 냉수를 포함한 식습관을 무기 삼아 사치와 타락, 미국인답지 않음unAmericanness과 싸워야 한다고 그들은 핏대를 세웠다. 알코올, 담배, 심지어 육류도 중독성이 있으며, 몸에

실베스터 그레이엄(위쪽)과 그가 만든 '그레이엄 크래커'
19세기 미국 대중건강 운동에 앞장선 인물로 각인된 그레이엄은 본래 목사였지만 설교 대신 건강 및 식이요법 강의에 매진했다. 금주와 채식을 강조하는 그의 식이요법은 당시 미국인들에게 큰 인기를 끌었다. 그의 이름을 따서 만든 크래커는 아직도 마트에서 팔리고 있다.

해롭지 않아도 무엇이든 과하게 탐닉하는 것은 질병이자 죄악이라고 간주했다.

바로 여기에 건강식품 운동 및 미국인의 식습관 중시 경향의 가장 직접적인 뿌리가 있었다. 탐닉하는 몸은 병든 몸이고, 섹스를 과다하게 하는 몸이며, 끝없이 위험한 자극을 갈망하는 몸이고, 자신을 파괴하는 몸이었다. 이런 상태는 육안으로 쉽게 감지되었다. 혈색이 나빠지고, 행동이 둔해지며, 살이 찔 테니 말이다.

반면 날씬하고 민첩하고 안색이 밝은 것은 건강과 미덕의 증거였다. 유럽인 선조를 둔 19세기 미국인들이 자연온천으로 몰려가고, 자신들만의 요양기관을 개발한 것은 전혀 놀라운 일이 아니다. 그들은 엄격한 식이요법을 따르고 운동을 하며, 건강을 유지하기 위해 최소의 살만 유지하라는 처방을 받았다.

이런 의료도덕적edico-moral 기관들(그곳 종사자와 간호사, 의사, 잡역부들 군단과 함께)은 미국에서 비만 문제를 치료하기 위해 최초로 합심해서 의학적인 노력을 펼친 표본이다. 여유 있는 미국인들은 미시간의 배틀 크리

크부터 아칸소의 핫스프링스(배틀 크리크와 핫스프링스, 둘 다 온천으로 유명하다—옮긴이) 등지로 몰려갔다. 그곳 온천수에 몸을 담그며 해독하고, 활력을 얻고, 심신을 더 나은 상태로 만들어 집에 돌아가기를 바라면서 자신을 병들게 한 것들을 치료받았다.

세대를 거듭해 의료 혁신과 발전이 계속되면서 사람들은 위협적으로 증가하는 살을 빼주는 최신 서비스로 몰려갔다. 20세기 초반 호르몬의 발견(나중에는 합성)이 생체의학 세상의 문을 두드리면서 인간의 생리 기능을 조절할 수 있다는 판타지가 새롭게 꽃피었다. 외인성 호르몬으로 쇠약하거나 무기력한 사람, 노인, 그리고 비만한 사람을 구제할 수 있다는 개념은 대단히 유혹적이었다. 갑자기 '분비선 문제'는 매일 진단해야 하는 것처럼 여겨지고, 그 문제를 해결해 준다고 약속하는 '분비선 추출물'을 구입할 여유가 되는 사람들은 열심히 그렇게 했다.

적어도 한동안은, 호르몬 알약과 특효약 심지어 주사들의 효능이 실제 기대할 게 못 된다는 사실은 아예 무시되었다. 특히 사회이동social mobility(사회 계층에서 지위의 상하 이동—옮긴이) 능력이 급격히 떨어지거나 유사한 신호를 보내는 몸을 가졌을 때, 그런 자신을 구제해줄 수 있는 것에 대한 열망은 활화산처럼 솟구친다.

위풍당당하게 진용을 구축한
지방과의 전쟁!

기실 오래전 새로운 정신의학 분야는 지방이 초래하는 고통을 근절시키는 새 출구를 제공해줄 것처럼 보였다. 지그문트 프로이트Sigmund Freud와 추종자들의 연구는 비만을 설명하기 위해 가족 드라마와 신성증을 끌어들였다. 비만의 화살을 엄마의 양육 탓으로 돌린 것이다.

프로이트가 말하는 심리·성적 발달 단계 중 소위 '구강 단계(대략 생후 18개월)'에 어머니가 아이의 정서적 발달 욕구와 관련해 잘못된 방법으로 수유한 탓이라고 그들은 주장했다. 이로 인해 '구강기 고착'이 비만으로 이어긴다는 견해가 통설로 굳어진 것은 물론, 문제의 모든 원인을 엄마가 아이에게 잘못한 탓으로 돌려버리는 경향이 강해지기 시작했다.

이런 믿음은 세월이 흐르면서 심리학자와 정신과 의사들이 내놓은 여러 다른 이론들로 변주됐다. 예컨대 비만은 심리적인 갑옷이라는 견해, 비만은 섹슈얼리티를 외면하거나 지연시키는 방편이라는 믿음, 비만은 공격성을 개인 간 갈등으로 표출하는 대신 '공격적으로' 먹은 결과라는 주장 등이 바로 그것이다. 물론 개인에 따라 이런 이론이 적용될 수는 있겠지만, 어느 것도 보편적인 현상으로서 비만을 설명해줄 수는 없다.

2차 세계대전 이후인 1950~1960년대, 영양학이 새로이 부상하면서 지방과의 전쟁에 새로운 전선이 만들어졌다. 기아에 관한 앤셀 키스Ancel Keys의 논문은 그 그림의 일부에 불과했다. 비타민과 기타 영양소에 관한 연구는 학문과 정책의 영역을 벗어나기 시작했다. 또한 영양이 건강에 결정적인 변화를 가져온다는 연구 조사 결과들이 중산층의 저녁 식탁에서 대화 소재가 되면서 미국인들은 지방과의 전쟁에서 신무기로 등장한 식이요법과 영양학으로 관심을 돌렸다.

내 유년기였던 1970년대, 어머니는 실망스럽게도 통통한 자신의 딸을 날씬하게 만들어 보고자 생명과학계의 중앙사령부에서 제공하는 최신 정보를 찾아 신문과 건강 잡지를 샅샅이 뒤졌다. 과학자들이 저지방 다이어트가 지방을 없앨 뿐만 아니라 심장병으로부터 우리를 구한다고 단언하는 바람에 우리 가족은 적어도 한동안은 지방을 멀리해야 했다.

그 후로 앳킨스Atkins와 스카스데일Scarsdale 다이어트 요법이 소개되었다. 동시대의 고단백·저지방 다이어트 선구자였던 그 요법들 때문에 나는 10대 시절 내내 하루 약 700칼로리만 먹어야 했다. 그 후 여러 해 동안 나는 계란 냄새조차 맡기 힘들었다.

어머니의 부엌에는 수많은 체중 조절 및 '건강식' 관련 요리책(오늘날까지도 고결한 음식은 고결하고 날씬한 몸매를 낳는다는 대중의학 기치를 내걸고 계속해서 팔리고 있다)이 있었다. 그로 인해 1985년 출간된 제인 브로디 Jane Brody의《Good Food Book》속 레시피로 만든 밀기울 머핀은 오랫동안 나에게 '위로가 되는 음식'이었다. 다만 지방 공포증이 있던 엄마의 방식대로, 레시피에서 요구하는 오일 반 컵을 애플소스로 대체해야만 했다.

1980년대 후반부 어느 시점에 어머니는 '과학적으로 설계된' 식사 대용 '셰이크'의 세상과 조우했다. 어머니는 지방과 전쟁을 벌이는 나의 신무기로 꺼끌꺼끌한 백묵가루 같은 분말을 물에 타서 섞은 걸쭉한 현탁액을 선택했다. 맛도 끔찍한 데다 복통까지 일으켰지만 나는 '무단 결식'했다고 벌 받지 않기 위해 부지런히 마셨다.

인간의 기발한 재주가 새로운 생체의학의 문들을 열게 되면서 우리는 지방에 대항하는 궁극의 무기를 가질 수 있다는 희망을 품고 힘차게 돌진해왔다. 먼저 약으로 지방을 추격했다. 나는 부모와 의사들로부터 '신진대사를 증진하기 위해' 암페타민을 받아먹었던 지난 세대의 비만 아동 중 한 명이었다. 그 약은 별 효과도 없이 나를 신경과민의 불안한 비만아로 만들었다.

그 후 나는 처방전 없이 팔리는 체중 감량 알약인 덱사트림으로 진급했다. 위험하기로 악명 높던 흥분제 에페드라_ephdra 성분까지 함유된 약으로, 식욕 부진과 뇌졸중 발생 위험을 안고 있는 약이었다.

그러나 더 나빠질 수도 있었다. 악명 높은 체중 감량 약인 펜-펜(fenfluramine(phentermine)은 지방과의 전쟁에서 승리를 기대하며 복용한 사람들을 죽음으로 몰아넣기도 했다. 만성적 영양소 흡수 불량을 초래해 몸이 축적된 지방을 강제로 이용하도록 외과수술로 소화기관을 리모델링한 사람들도 죽음을 맞곤 했다.

우리는 체내에서 흡수되지 않는 지방이라든가 열량 없이 달콤한 맛만 내는 식품 대체물 따위를 사기 위해 줄을 서서 기다려왔다. 자기 돈을 써가며 기꺼이 실험실의 쥐가 되기를 자처한 셈이다. 하지만 (사카린의 경우가 그렇듯) 암을 유발할 위험이 있거나 얼굴의 피지 분비가 조절되지 않는 등 숱한 부작용만 남겼다.

분자생물학이 발달하고 우리 자신의 DNA를 검사할 수 있게 되면서, 어쩌면 거기, 우리의 기원인 꼬인 가닥에 해법이 있을지 모른다는 희망을 품게 되었다. 심장마비나 고혈압 때문이 아니라, 우리 문화가 추하고 하찮으며 끔찍한 기형이라고 낙인찍어 무너뜨리려는 그 적을 물리칠 방법을 알아낼 수 있을 거라는 신념으로 매달렸다.

'지방과의 전쟁'이 탄생시킨
억만장자들

20세기 초, 생체의학이 인구통계학과 만나면서 자연스럽게 비만도 그 시너지 효과의 자장 안으로 빨려 들어갔다. 1910년대, 사망 위험률을 예측하기 위한 인구통계학적 분석의 하나로 키와 몸무게를 처음 이용하기 시작한 곳은 불명예스럽게도 메트로폴리탄 생명보험회사였다. 수익 극대화를 위해서였다.

인구통계학자들은 공중위생 관련 공무원들과 신속하게 동맹을 맺었다. 그러고는 줄자와 계산기를 손에 쥔 채 말 그대로 표준에 맞지 않는 몸의 위험을 강조하며 비만 위험도를 산술적으로 계산했다.

과학이 발전하면서 지난 세기에 사망 원인의 우선순위였던 감염병, 유행병, 난산, 사고로 인한 부상 등은 공중위생으로 예방하거나 의술로 치료 가능해졌다. 대신 심장병과 암 같은 다른 사망 원인이 차트 상단을 차지했다. 인구통계학자들은 실제 증거가 있든 없든, 재빨리 그런 질병을 비만과 연결했다. 훗날 이들 병증과 비만과의 연결고리를 뒷받침할 증거가 확실하지 않음을 학문적으로 인정한 앤셀 키스마저, 비만이 불쾌하고 역겹다는 이유로 인구통계학자들의 주장에 동조했다.

이제 지방은 개인의 나태함이나 수치스러움의 원천을 넘어 공중 보건의 골칫거리로 부상했다. 게다가 적절한 공중위생으로 막을 수 있는 콜레라나 백신으로 예방되는 홍역과 달리, 몸에 축적되는 지방을 몰아내는 일은 오직 개인들의 노력에 달린 난제가 되었다.

2차대전이 끝난 후 급성장한 경제와 자본주의자들의 창의성은 지방과의 전쟁에서 새로운 전선을 만들었다. 바로 체중 감량 산업이었다. 비만을 스스로 해결해야 하는 개인 문제로 강조하는 풍조는 날로 높아지는 '건강식품'에 대한 관심과 맞물려 돈이 되는 신산업으로 만개했다. 체중 감량 서적이 쏟아지고 상담원들의 조언이 불을 뿜었다. 이들 전문가들(대다수는 적절한 자격도 없었다)은 신체적으로 우월하고 미학적으로 설득력 얻을 수 있는 몸매를 만드는 비법에 대해 열변을 토했다. 감탄과 호감도는 물론이고 신분 상승까지 가능케 해주는 몸에 관한 자신들의 통찰력을 소비자들에게 극적으로 소구하면서 그 산업은 꽤 번창했다.

소위 다이어트 그루라고 불리는 이런 전문가 중 매우 유명한 사람이 있다. 스스로 '뚱보 주부'임을 자처하던 퀸스 출신 진 니데치Jean Nidetch다. 그녀는 비만을 두려워하는 1960년대의 이웃들을 상대로 우연히 체중 감량 지원 그룹을 만들었다. 이게 엄청난 인기를 끌었고, 1963년에는 일반에게도 널리 알려진 웨이트 와처스Weight Watchers International(지금은 간단히 WW로 알려진)라는 이름의 기업을 탄생시켰다. 이후 웨이트 와처스는 뉴욕주식거래소에 공개 상장을 했다.

체중 감량 프로그램으로 이미 억만장자가 된 니데치는 1978년 7,800만 달러에 W.J 하인즈W.J. Heinz 사에 회사를 매각했다. 하인즈 사는 1999년 다시 한 사모투자펀드에 WW를 7억 3,500만 달러에 팔았다. 설립된 후 57년 동안 수많은 경쟁사가 생겨났음에도 WW 인터내셔널은 여전히 막대한 돈을 벌어들이고 있다. 2018년 연차영업보고서에는 WW의 총수입이 15억 1,400만 달

'뚱보 주부' 진 니데치가 쓴 여러 권의 성공 스토리 서적

1960년대 본격화된 '지방과의 전쟁' 흐름을 타고 설립된 웨이트 와처스는 체중 감량 프로그램으로 천문학적인 돈을 벌어들였다. 10여 년만에 억만장자가 된 설립자 진 니데치는 자신의 성공담을 여러 버전의 책으로 펴내 베스트셀러 저자로도 등극했다.

러에 이르는 것으로 보고되었다.

극적인 수익 상승은 1960년대 이후 지방과의 전쟁이 본격화되고 문화적인 흐름이 확산한 것과 완벽히 궤를 같이한다. 〈비즈니스 와이어*Business Wire*〉에 따르면 미국의 체중 감량 산업은, 다시 말해 지방과의 전쟁으로 벌어들이는 산업의 가치는 현재 매년 750억 달러에 이른다.

자본주의와 신자유주의가 손잡고
온세상에 유포한 비만 혐오와 비인간화

이해가 간다. 자본주의는 착한 굶기 전쟁을 사랑하고, 신자유주의는 단호한 손짓으로 개인의 사정이라고 일축한다. 조금 더 노골적으로 표현하자면 개인을 그렇게 엉망진창인 상태로 만든 시스템의 원인이 무엇이든, 은유적으로나 문자 그대로 그에 대한 대가를 각자 치르라고 시장은 종용하고 정부는 부담을 지지 않는 문제를 좋아한다.

지방과의 싸움은 두 세계 모두에게 큰 이익이다. 싸움과 공포와 욕구와 돈을 추종하라.

사정이 이러할진대 미끈거리고 역겹고 파괴적인 적에 대항하는 전쟁에서 승리하기 위한 무기를 사려고 우리가 어찌 몰려가지 않을 수 있겠는가?

비만에 대한 낙인은 도처에 존재한다. 비만인들에 대한 비인간화를 주장하는 내 의견이 극단적이라고 생각하는 사람이라면 의학 저널 〈비만*Obestity*〉이 2019년에 발간한 보고서를 보라. 이 보고서에 나타난 4건의 연구와 1,500명 통신원의 보고를 비교해보면 '비만인'이 마른 사람들보다 '진화가 덜 되고 인간으로서 격이 떨어지는' 것으로 믿게 하려는 비인간화가 곳곳에서 눈에 띈다. 의료나 교육 같은 특정 환경에서도 이 사실을 다양하게 확인해왔다.

비만 혐오의 사회화는 아주 일찍부터 시작된다. 연구자들은 유아기에, 특히 1차 보육자들로부터 지방 혐오 태도를 흡수한다는 사실을 알아냈다. 영아기의 아이들은 부모가 비만에 대해 어떤 태도를 보이든 상관없이 뚱뚱한 사람들의 이미지를 있는 그대로 좋아한다. 하지만 유아기의 엄마가 비만에 대해 강력한 반감을 보일 경우, 아이는 그 시각을 고스란히 학습한다. 이 유아들은 부모가 전달하는 메시지를 이해하고 흡수하며 소통하는 과정에서 지방 혐오를 배운다.

분명히 말하겠다. 우리는 아기들에게조차 풍풍한 사람은 존중하고 환영할 만한 가치가 없는 대상이라고 가르치는 문화에서 살고 있다.

이런 세상에서 잠시나마 당신을 인간으로 인정받게 해준다면 무슨 짓인들 못 하겠는가? 무엇을 못 주고, 어떤 대가를 치르지 못하겠는가? 그저 인간으로 남아 있게 허락해준다면, 무엇을 못하겠는가?

어쩌면 비만은 우리의 진정한 적일지도 모른다. 지금까지 주장한 모든 영역에서 그리고 아직 상상으로 남아있는 영역에서 그 말은 사실일 수 있다. 여기 앉아서 글을 쓰고 있는 나에게도, 비만은 일찍감치 불가피한 죽음으로 내달리는 편도 티켓을 선물했는지 모른다.

아마도 우리 모두 결국은 알게 될 것이다. 하지만 아

직, 그리고 여전히, 나에게는 권리가 있다. 그토록 전체주의적이고 정서 파괴적인 용어들로, 사고하고 판단하고 분별하는 나 개인뿐만 아니라 우리 문화의 잠재 능력을 위태롭게 하는 그 적의 실체와 속성에 대해 의문을 가질 권리 말이다. 강요와 조종도 우리의 적이다.

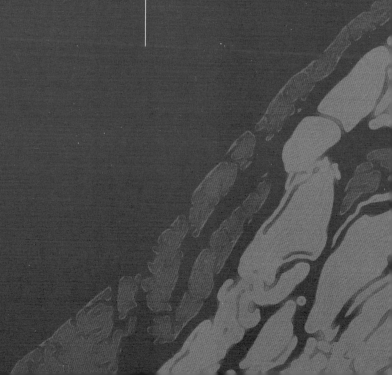

CHAPTER 4

비만 페티시,
성차별과 계급주의의 산물

그리 오래되지 않은 어느 날, 내가 아미시 치즈와 대용량의 베이킹 제품을 주로 구입하는 이웃 마을 메노파Mennonite(16세기 네덜란드에서 일어난 신교의 일파. 종교개혁 시기에 등장한 개신교 교단으로 유아세례를 인정하지 않는 재세례파 교회에 속한다. 자치, 병역 거부 따위를 특징으로 한다—옮긴이) 신도의 작은 식품점 진열대 양쪽 끝에 느닷없이 코코넛오일 병 제품이 등장했다. 크고 작은 병마다 가득 들어찬 코코넛오일은 엄밀히 말해 메노파의 전통적인 식자재는 아니다. 다만 강력하게 유행하는 지방 페티시의 손길이 이 구석까지 미쳤음을 선명하게 보여주는 증거물이었다.

건강식품 열광자들이 비만이 나쁘다고 주장하는 것

만큼이나 큰 목소리로 코코넛오일을 손에 들고 건강에 이로운 점을 조목조목 늘어놓기 시작한 건 21세기 초반경부터다. 이들의 홍보에 넘어간 사람들은 코코넛오일이 뱃살 지방을 녹이고, 해로운 LDL 콜레스테롤을 줄여 주며, 면역체계를 튼튼하게 하고, 심장병을 막아주고, 식욕을 떨어뜨리고, 알츠하이머를 예방한다고 말한다. 그뿐만이 아니다. 치아와 잇몸을 빛나게 해주고, 충치를 막아준다고도 믿는다.

80~90퍼센트가 포화지방으로 이루어진 코코넛오일은 버터와 매우 비슷한 작용을 해서 특히 베이킹에 유용하다. 따라서 버터를 먹을 수 없는 채식주의자들에게 오랫동안 인기가 높았다. 하지만 현재의 트렌드는 코코넛오일로 잘 부푸는 페이스트리를 만들 수 있다는 사실과 아무런 관련이 없다. 그보다는 키토제닉ketogenic(일명 저탄고지 식이요법—옮긴이)이나 팔레오Paleo(구석기 시대의 전형적인 식단을 따라 하는 식이요법, 저탄수화물 섭취—옮긴이) 식이요법 같은 체중 조절 식이요법에서 코코넛오일이 기적을 일으킨다고 알려지며 인기를 끌기 시작했다.

놀라운 효험을 칭송하는 여러 목소리들과 함께 유행을 탄 코코넛오일은 삽시간에 널리 퍼졌다. 그리하여 마침내 목까지 올라오는 면 원피스 차림에 투박한 신발을 신고 흰색 주름모자를 쓴 여성들이 일하는 오하이오 시골의 작은 가게 선반에까지 당도한 것이다.

하지만 명심하라. 하버드대학교 보건대학원의 연구 결과에 따르면, 매일 코코넛오일을 두세 숟갈 먹는다고 해서 어떤 식으로든 달라지는 것은 없다고 한다.

지방이 더할 나위 없는
즐거움과 경탄의 대상이 되는 순간

어떤 사물이든, 실제 기능 자체가 페티시의 대상이 된 적은 결코 없다. 더 넓고 비성적nonsexual인 의미에서 '페티시'란 용어는 그것이 갖는 연상과 상징, 주술적인 힘 때문에 숭배를 받는 사물이다. 예를 들어 미국에서 일부 사람들은 반체제·반정부·독립을 주장하는 사람들, 남부인, 게다가 인종주의자, 백인우월주자를 상징하는 시금석으로 남부 연방기를 페티시화 한다. 또 다른 방향에서 과거의 음악산업 혹은 음악 자체가 오늘날보다 '더 진실되고' '더 순수했다'고 믿는 사람들은 그 시절의 부적으로서 플라스틱 오디오 레코드를 페시티화 하기도 한다.

지방에 대해서도 그런 면이 있다. 캘리포니아의 음식 칼럼니스트 겸 셰프인 사민 노스라트Samin Nosrat는 2017년 출간된 자신의 매혹적인 요리책《소금, 지방, 산 그리고 열Salt, Fat, Acid, Heat》을 토대로 넷플릭스에서 제작한 텔레비전 시리즈(2018년 제작, 방영)에 등장했다. 훌륭한 요리에서 중시되는 각각의 요소에 초점을 맞추어 네 개의 에피소드로 만든 프로그램이었다.

첫 번째 에피소드로 방송된 것은? 바로 지방이었다. 왜 프로듀서가 온갖 기름기 있는 것들에 대한 찬사로 시리즈의 처음을 선택했는지 쉽게 짐작이 간다. 이탈리아를 무대로 한 에피소드는 목가적이고 화려하며 호사스럽게 펼쳐진다. 그곳에서 노스라트는 장난기와 호기심 가득한 눈길로 올리브오일과 치즈와 돼지고기에 든 지방을 탐색하면서, 거부할 수 없는 매력의 포카치

경탄을 불러일으키는 엑스트라버진 올리브오일
지방에 대한 온갖 혐오와 적대적인 시선에도 불구하고 기름진 이탈리아 토양
을 즉각 연상케 하는 고급 올리브오일은 다른 그 무엇도 흉내 내기 힘든 우아
함과 풍요, 품격을 상징한다.

아 만들기로 시청자들을 이끈다(에피소드에서 소개되는 포카치아 만들기 중 반죽하고, 성형하고, 유난히 먹음직스러운 빵 덩이를 만드는 과정은 몹시 매혹적인 관능을 드러낸다).

이 특별한 프로그램을 지켜보는 동안 시청자들은 지방의 무엇을, 어떤 식으로, 왜 페티시화 하는지 보게 된다. 이 프로그램에서는 지방이 땅의 풍부함과 본질적으로 연관성이 있으며 다른 무엇으로도 흉내 낼 수 없는 풍미를 지닌다는 점, 고급스러운 외양 및 질감과 더불어 이탈리아의 전통문화와 연관되어 있다는 사실 등이 자연스럽게 어우러진다. 따라서 눈을 감고 감각적으로 음미하는 순간 "우와!" 감탄하며 느끼고 맛보고 경건하게 동작을 멈추게 된다.

이 프로그램에서는 지방을 골칫거리로 치부하거나 적대적으로 표현하거나 과잉 섭취할 때 문제가 된다느니 하는 말은 단 한마디도 나오지 않는다. 정말이지, 이 특별한 프로그램에서 많은 양의 지방은 더할 나위 없는 감탄과 즐거움을 제공하는 대상일 뿐이다. 더욱이 특권층만 누리는 고급스러움과 세련됨의 표식이며 여행을 하는 데 꼭 필요한 부富를 연상시킨다.

실제 노스라트가 입증한 것처럼 이런 식으로 이해하고, 탐닉하고, 즐기기 좋은 지방 종류에 접근하는 것은 누구나 누릴 수 있는 특권이 아니다. 식용 지방은 당연히 몸속 지방과 같지 않다. 둘을 똑같이 취급하는 게 잘못이라고 말하려는 건 아니다. 하나는 몸으로 들어가는 것이고, 다른 하나는 몸에서 만들어진다.

몸속 지방은 음식에 함유된 지방과 관계가 있을 수도, 없을 수도 있다. 다시 말해 우리가 섭취하는 지방은 몸의 에너지원이 되지만 다른 많은 것들도 에너지원이 된다. 우리가 섭취하는 지방에서 유래한 에너지의 일부는 조용한 물질대사 과정을 거쳐 몸속 지방으로 저장되기도 한다. 비록 확인은 불가능하지만, 이 전환 과정에서 '콩 심은 데 콩 나는' 식의 마법은 적용되지 않는다. 즉 지방 성분을 먹는다고 해서 그 자체로 몸속 지방이 만들어지는 것은 아니다.

먹는 지방과 체지방은 별개의 것이다. 물론 감각적으로 보면 둘 다 독특하고 종종 깊은 쾌락 경험을 제공한다. 지방은 좋고 나쁜 여러 방식으로 상징적이다.

그리고 우리는 두 가지 모두에 대해 강렬한 느낌을 갖는다.

우리는 종종 지방을 심미적으로 판단하고 결정한다. 지금 내 손에 들린 피자 한쪽의 기름을 닦아내고 먹을 것인가, 아니면 페페로니 맛이 나는 기름을 즐길 것인가? 출렁거리는 허벅지를 제 맘대로 움직이도록 내버려 둘 것인가, 아니면 출렁거림이 눈에 띄지 않도록 스판덱스 운동복을 입고 트램펄린 회사의 제안에 따를 것인가? 판단과 결정은 상황에 따라 달라진다. 지금 뭐가 먹고 싶은가, 뭘 먹으면 기분이 좋을까 대_對 뭘 먹으면 수치심이나 죄책감을 느낄까? 흔쾌히 지방을 먹을 때 얼마나 기분이 좋을까 대 얼마나 기꺼이 남의 눈에 띌 각오가 되어있는가?

지방 페티시가 생겨나는 이유

비만과 섹스에 관해서도 마찬가지다. 물론 뚱뚱한 몸이 모든 사람의 성적 취향은 아니다. 다만 인간이 복잡한 존재라는 점을 고려하면 그런 사람도 있다는 사실이 놀랍거나 특별하지는 않다. 다른 취향들도 마찬가지다. 모든 신사가 금발을 좋아하는 것은 아니며, 모든 금발 여자가 신사를 좋아하는 건 아니듯 말이다.

사람들의 취향이 어떻든, 많은 이가 지방의 성적인 쾌감을 인식하고 있는 건 사실이다. 엉덩이, 가슴, 심지어 키스하고 싶은 도톰한 입술은 지방의 양이 얼마나 많은가에 달려있다. 신체적인 여성성과 지방은 현실적으로 불가분의 관계다. "10파운드의 지방을 가지고 매력적으로 보이게 하는 방법은?" "거기에 젖꼭지를 붙여!"라는 오래되고 썰렁한 농담도 있지 않은가.

성형수술의 도움을 받지 않은 거대한 섯사슴을 의미하는 '빅 내추럴스big naturals'가 인기 포르노그래피 카테고리인 것도 그럴 만한 이유가 있다. 비록 가슴이 지방이 축적되는 유일한 인체 부위는 아니지만 (게다가 뚱뚱한 여성이 모두 가슴이 큰 것은 아니지만) 모유 생산과 관련 있는 유선과 유관은 대체로 크기가 비슷하다. 이 말은 축적된 지방의 양이 가슴의 크기를 결정짓는다는 의미나.

지방이 몸의 어느 부위에나 축적될 수 있는 것처럼, 누구도 자기 몸 어디에 지방이 얼마큼 축적되도록 선택할 수 없다. 몸이 우선적으로 가슴에 지방을 축적하는 경향은 큰 가슴을 갖지 못했거나 아예 없는 사람들에게는 분명 좌절스러운 일이다. 반면 남의 시선을 빼앗을 정도로 크고 풍만하며 묵직하고 출렁이는 가슴을 가진 사람에게는 기쁨이고 즐거움이다.

엉덩이도 마찬가지다. 소위 '모래시계형'이나 '콜라병' 몸매가 우리 문화에서 완벽한 여성 몸매로 극구 칭송되는 것도 많은 부분 지방 덕분이다. 자궁을 지닌 사람들은 사춘기가 되면 엉덩이가 벌어지는 경향이 있다. 이는 단지 골격 성장만이 아니라 성별과 관련된 지방 배치의 문제이다. 사춘기가 되면 태어날 때 여성으로 지정된 사람은 남성으로 지정된 사람들보다 지방이 거의 두 배 증가한다. 그것도 가슴, 엉덩이, 허벅지 같은 특정 부위에 지방이 몰린다. 과학자들은 이것이 임신과 출산, 수유에 더 유리하기 때문이라고 믿는다.

여기에서 우리가 더 중요하게 논의할 점은 지방의 이런 패턴이 미적으로나 성적으로 더 이목을 끈다는 것이다. 예술 기록을 봐도 이는 새로운 사실이 아니다. 그렇다면 우리가 지방으로 인한 여성적인 곡선에 매력을 느끼고 주목하는 것이 페티시의 구성 요건일까? 그것은 당신이 어떻게 보느냐에 달렸다.

페티시란 정신과 진단 용어로, 누군가가 성적으로 집착하고 그것으로부터 성적 만족을 크게 느끼는 무생물 대상이나 신체 부위를 말한다. 페티시에 대한 정의를 내릴 때는 페티시를 가진 사람이 오르가슴에 도달하기 위해 페티시 대상이 반드시 존재해야 한다는 전제가 담겨있다.

뚱뚱한 몸, 출렁이는 뱃살, 셀룰라이트, 두툼한 등허리 등을 포함해 뚱뚱한 몸의 특정 부위에 내해 이런 식으로 느끼는 사람들은 분명 있다. 단적으로 말해, 이들의 페티시는 거의 해롭지 않다. 그것은 다른 많은 사람의 성적 기벽이나 별난 취향과 아주 비슷하다. 마찬가지로 성적 관심이 다른 신체 부위나 상태에 집중되는 사람들도 있다. 어떤 숭배자들은 겨드랑이라든가 머리칼, 발, 손톱, 빼빼 마른 사람, 노인이거나 절단 수술을 받은 사람을 사랑하기도 한다. 그러니 뚱뚱한 몸을 페티시 대상으로 하는 사람이 왜 없겠는가?

그러나 2000년 내가 비만과 섹슈얼리티에 관한 책을 처음 냈을 때 뚱뚱함에 대한 페티시는 많은 이들에게 아직 무리라는 것을 깨달았다. 그 책에 대한 소문을 들은 많은 이가 뚱뚱한 몸도 매력적일 수 있다는 사실을 받아들이기 힘들어했다. 처음에 나는 이 점에 좌절했고, 그 후에는 혼란스러웠다.

페티시 대상은 무궁무진하다. 비만이거나, 발이거나, 소형화기(정말로 미국적인 페티시다)를 대상으로 하는 사람들도 있을 정도니 말이다. 사실 고전적인 정의에 딱 들어맞는 페티시를 가진 사람은 비교적 적다. 그럼에도 많은 이가 자신만의 독특한 취향을 당당하게 즐기고 옹호한다. 그렇지 않다면 왜 거대한 가슴이나 둥근 엉덩이, 꼬챙이 같은 하이힐이나 스타킹 혹은 설명하기조차 민망한 전국총기연합회National Rifle ssociation가 그토록 인기를 끌겠는가?

그 책을 내고 20년이 지나는 동안 나는 뚱뚱함에 성적 매력을 느낄 수 있다고 주장하는 게 중독자(페티시스트)로 낙인 찍히기를 자초하는 것은 아닌지 계속 주시해왔다. 어쨌든 '페티시'를 갖는다는 건 많은 사람의 눈에 비정상 혹은 질병에 걸린 것처럼 의심스러워 보일 테니까. 지방을 부끄러워하고 혐오하도록 가르치는 깊이와 강도로 보건대, 혐오하기는커녕 어떤 식으로든 호감을 드러내는 행위는 의심스럽고 비정상이며 병적으로 여겨질 게 뻔하다.

내가 보기에는 이런 시각이야말로 지방 페티시의 진정한 증거다. 우리는 평범하고 대체로 유순한 어떤 것의 잘못된 점, 추하고 바람직하지 않은 점을 페티시 대상으로 만들어왔다. 이를테면 공감 주술sympathetic magic(어떤 사물이나 사건 등이 공감작용에 의해 상호 영향을 미칠 수 있다는 신앙을 바탕으로 함. —옮긴이) 같은 페티시다. 어떤 것이 우리가 믿는 대로 되고, 또 연상에 의해 그렇게 된다는 믿음이 여기에 해당한다.

이런 맥락에서 뚱뚱함과 날씬함의 경계가 그토록 불분명하고 가변적이며 자동적으로 격론을 부르는 것은 별로 놀랍지 않다. 우리가 지방을 악마화하고, 비만을 격렬히 기부하면서 밀어낼 때마다 지방은 역설적으로 더 강한 힘을 갖는다. 그저 살찐 사람은 게으르고 행동이 굼뜬 경향이 있다는 생각을 넘어 극단으로 치닫는 순간, 지방은 더 막강한 힘이 부여받는다.

유익한 지방과
더러운 지방 사이

지방은 연속체다. 지방은 다채롭고 다양한 모습을 지닌다. 하지만 그 모든 것이 지방이다. 그럼에도 우리는 지방을 봐줄 만한 것 대對 봐줄 수 없는 것, 맛이 좋은 것 대 몸에 해로운 것처럼 극단적인 시각으로 양분하려는 마법에 걸려버렸다. 당신의 아픈 데를 치료하고 당신의 미식가적 취향을 드러내며 당신의 육감적인 신체를 채우는 지방과, 당신을 추하고 멍청하고 무식하게 보이게 하고 낡은 프라이팬의 기름때처럼 들러붙은 악명높은 지방 사이에는 매우 긴밀한 가족적 유사성family resemblance(한 집단을 이루는 구성요소에 공통적으로 존재하는 특성은 없지만 유사한 특성들이 연결되어 하나의 집단으로서 구별된 특성을 형성한다는 개념—옮긴이)이 있음에도 우리가 그 사실을 인정하기 싫어하는 건 바로 이런 이유 때문이다. 《소금, 산, 지방, 열》의 '지방'에 관한 에피소드에서 그려낸 섭취하고 음미하는 지방과 미국인이 실제로 매일 소비하는 지방을 분리하는 것을 생각해보라.

포르케타, 페스토, 프로슈토, 신선한 그린 올리브오일로 반짝거리는 포카치아는 맛좋은 지방의 절대적인 보고다. 마찬가지로 버거와 프렌치프라이, 밀크셰이크도 그렇다. 하지만 후자는 아무리 근사하게 제공된들 싸구려 음식 취급을 받는다. 고베비프 버거와 오리 기름으로 튀기고 트러플 소금을 뿌린 감자튀김은 저급한 식품과 최고급 재료를 가지고 싸구려와 럭셔리가 인터플레이를 펼친 완벽한 속임수다.

미국의 주류 음식 문화에서 지방은 대중의 탐욕스러운 위장을 연상시킨다. 나아가 죄책감과 어리석음, 몰지각함과 동의어로 간주되는 경향이 있다. 따라서 노스라트의 여행기는 이탈리아가 아닌 다른 곳으로는 갈 수기 없었다. 그곳이야말로 지방을 의심할 바 없이 세련되고 상상력을 자극하며 풍미가 좋은 식도락의 영역으로 정립하기 위해 수 세기 동안 순수 예술 및 건강한 삶과 연결시켜 온 땅이기 때문이다.

지방은 맛이 좋을 뿐만 아니라 기분도 좋게 한다. 이 부분이 지방이 우리에게 문제를 일으키는 원인이다. 우리가 선조들에게서 물려받은, 쾌락에 대한 기독교적 갈등의 근원에는 지방이 포함되어 있다. 고기와 버터처럼 기름진 육식에 대한 거부감의 바탕에는 여러 세기 동안 가톨릭에서 금해온 요리법이 있다.

하지만 거부는 언제나 긴장을 낳는 법. 배제된 욕망은 지워진 욕망이 아니다. 아무리 신실한 신자도 결핍을 느끼거나 어느 사순절 아침 뿌리치기 힘들 만큼 지독한 갈망으로 잠에서 깨어날 수 있다. 전해지기로 프랑스 루앙에 있는 웅장한 성당의 탑 하나는 성직자가 '면죄부'라고 적당히 이름 붙인 허가증을 판 수익금으로 세워졌다고 한다. 신실한 기독교인에게 금기시되던 버터를 먹도록 허락해주는, 일종의 영적 통행권이었다. 당신은 버터와 크림을 먹기 위해 '면죄부'를 사는 것과 헬스장에 가서 방금 먹은 감자튀김을 빼겠다고 큰소리로 맹세하는 것 사이의 연결고리를 눈치채지 못할 만큼 자신의 일상에 대해 순진해지고 싶은가?

어쩌면 우리는 정말로 연결짓지 못할지도 모른다. 우리 스스로 몸에 관한 준거틀frame of reference(개인이 자기 행동의 옳고 그름 또는 규범이나 가치를 판단하는 데 표준으로 삼는 기준의 프레임—옮긴이)을 바꿔왔기 때문이다.

우리는 선조들이 죄악을 말했던 자리에 흔히 질병을 놓는다. 알면서도 건강을 위태롭게 하는 것, 심지어 그렇게 될 거라는 믿음은 우리 선조들이 알면서도 불멸의 영혼을 위태롭게 했던 것처럼 부도덕한 짓이라고 생각한다. 우리는 이런 식으로 살아가도록 지속적으로 세뇌당하고 있다.

의사와 미디어는 지방과 콜레스테롤, 심장병과 당뇨병의 관계에 대해 단호하게 설명한다. 그러는 한편으로, 자본주의가 원래 그렇듯이 상징적으로 혹은 실제로 우리의 죄의식을 덜어주면서 지방을 구매하도록 부추긴다. 지방 함량이 낮은 조리 식품은 꾸준히(어쩌면 영원히 그럴 것이다) 우리 식탁 풍경의 한 자리를 차지해 왔다. 게다가 깨끗이 닦일 뿐만 아니라 지방을 최소 또는 전혀 사용하지 않고 요리할 수 있도록 특수 표면 처리를 한 조리 도구를 사용하라고 선전한다. 지방이 고밀도 에너지 원천이라는, 다시 말해 칼로리를 많이 '갖고' 있다는 사실을 부각하면서 따로 저지방 샐러드드레싱을 사라고 부추긴다. 기름에 튀기기보다는 구운 스낵 칩을 먹고, 주방에 에어프라이어를 들이고, 실제로 먹지 않으면서 지방의 식감을 흉내내기 위해 화학적으로 설계된 증점제thickener(액체의 점성을 증가시키기 위해 사용되는 물질—옮긴이)의 찐득거림을 견디도록 교육받는다.

우리는 흔히 주변에서 판매되는 특정 지방이 '좋은' 지방 즉, '어리석은 짓'에 관련되지 않는 지방이라는 설명을 듣는다. 내 단골인 메노파의 식품점에서 코코넛 오일의 형태로 면죄부를 파는 것도 그런 이유이다.

그러면서도 텔레비전 광고들은 쉴새없이 시청자를 지방의 사파리로 데려간다. 찍찍 늘어나는 피자 치즈, 클로즈업 사진으로 보이는 버거 속 지글지글 끓는 지방, 매시드 포테이토 위로 강물처럼 흘러내리는 버터, 실제로 모든 음식의 안팎에 곁들이는 베이컨….

현실에서도 마찬가지다. 미국의 스트립몰(번화가에 상점과 식당들이 일렬로 늘어서 있는 곳)과 대형쇼핑몰이 있는 도로마다 즐비한 식당에 들어서기 무섭게 광고에서 보던 지방과 마주치고, 심지어 온갖 시설이 완비된 자동차의 안락한 공간을 떠나지 않고도 다량의 지방을 섭취할 기회를 얻는다. 우리는 지속적으로, 부단히 지방의 부추김, 유인, 유혹에 직면한다.

유혹하는 지방,
섹슈얼리티 연대기 속의 갖가지 이야기

나는 의도적으로 그런 표현을 쓴다. 유혹한다는 말은 꽤 기분 좋게 느껴진다. 유혹은 단지 좋아지는 것 이상이며, 빠르게 자라난다. 우리가 먹는 지방에 관한 한, 사람들은 생각하는 것보다 더 자주 유혹에 빠진다.

그러나 거기에는 이중 잣대가 있다. 내가 먹는 지방

은 용서가 되지만, 다른 사람의 지방은 용서가 안 된다. 허겁지겁 밀크셰이크에 감자튀김을 적셔 먹는 건 상상만으로도 행복하다. 하지만 가상의 인물이 가상의 자동차에 앉아 뚱뚱한 사람과 섹스하는 장면은 상상만으로도 역겹고 추하다.

그런데 내 또래 이성애자 여성들이 뱃살 나온 '아빠 몸매Dad Bod'(중년 남성의 몸매를 가리키는 유행어. 최근 들어 미국에서는 맥주를 마셔서 배불뚝이에 적당히 근육질인 남성을 부담이 없다고 생각하는 여성들이 많아지는 추세다—옮긴이)에 대한 성적 관심을 노골적으로 드러내는 열기를 어떻게 해석할 수 있을까? 미국의 선도적인 플러스 사이즈 패션사업가 레인 브라이언트는 왜 요즘 섹시 란제리 전 품목에 라지 사이즈를 추가했을까? 국제적인 예복 도매점 데이비즈 브라이덜David's Bridal이 비만 신부의 결혼 예복값을 더 높게 책정하던 관행을 폐기하기로 한 2019년의 결정은 어떻게 이해해야 할까?

게다가 '평균적인 미국 여성'은 체중 170파운드(약 77kg)에 의류 사이즈 16~18이라는 미국 질병통제센터 통계 수치와 거기에 해당하는 여성들을 우리는 어떻게 생각해야 할까? 젠장! 누가 봐도 뚱뚱한 이 여성들과 열정적으로 연애를 하고 사랑을 나누는 수많은 이들은 평균이 아니라는 것인가?

당연히 선례가 있다. 인간의 섹슈얼리티 연대기에서 새로운 것은 별로 없다. 뚱뚱한 몸을 갈망하는 사람들은 언제나 있었다. 하지만 우리는 성적 기호를 극히 사적인 일로 취급하고 비밀로 치부하는 경향이 있다. 특히 자신이 속한 문화가 그런 것을 공유하지 않을 때는 더욱 그렇다.

뚱뚱한 파트너를 성적으로 매력 있다고 생각하는 사람들이 스스로 별나거나 색다르다고 여기는지 아닌지 우리는 잘 모른다. 그러나 최근의 역사에서, 적어도 1960년대 이후로 성적인 지하조직들(어떤 것은 덜, 어떤 것을 더 눈에 띄게 조직화했다)이 생겨나기 시작했고, 그들 중에는 비만을 칭송하거나 심지어 숭배하는 집단도 있다. 분명히 해둘 점은, 뚱뚱하거나 뚱뚱한 몸에 매력을 느끼는 사람들이 모두 그 그룹의 일원이 되는 건 아니라는 사실이다. 성적 정체성의 분화가 레즈비

언, 게이, 바이섹슈얼, 트랜스젠더, 퀴어, 인터섹스, 에이섹슈얼Asexual(무성애자)[+], LGBTQIA[+](+는 그 카테고리에 포함되지 않는다고 느끼는 누구라도 포괄한다는 의미다—옮긴이) 같은 커뮤니티 형성으로 이어지고 있다는 우리의 추정에도 불구하고, 모든 사람이 자신의 성적 취향에 맞게 사회적 연결망을 구축하는 것은 아니다. 다만 일부 비만 성애자들은 우리가 커뮤니티와 조직, 친구 네트워크 등등을 가진 것 못지않게 비만에 대한 성적 기호를 정체성의 일부로 규정하는 사람들을 끌어내려고 애써왔다. 그들이 흔히 Big Beautiful Women 또는 BBW라고 칭송하는 여성들은 스스로를 비만 숭배자Fat Admirer 혹은 FAs라고 일컫는 이성애자 남성들의 성적 선호 대상이다.

그런가 하면 비만인을 사랑하는 이성애자들의 세상에서 다소 불쾌하게 생각하는 'Chubby chaser'(비만인 성애자라는 뜻—옮긴이)라는 용어는 게이 남성들의 모임에서는 더욱 흔쾌히 받아들여진다. 게이 남성들 중 비만인과 체이서들chaser(트랜스젠더를 좋아하는 사람—옮긴이) 그리고 거구에 체모가 많은 곰bear들은 자신들만의 웹사이트와 스마트폰 앱, 주말 피난처, 파티 등 서로 교류할 수 있는 수단을 갖고 있다.

BBW에 상응하는 Big Handsome Man_BHMs은 각자 자신들의 취향에 가장 잘 맞는 커뮤니티에 지원할 수 있다.

한편 퀴어 여성들의 커뮤니티는 성애라는 한정된 특성보다 정치를 둘러싸고 조직화하는 경향이 강하다. 그래서인지 '처비 체이서'라든지 Growlr hookup(체격이 크고 털이 많은 게이 남성들이 정서적 친밀감이나 유대감 혹은 헌신적인 관계가 없이 캐주얼 섹스를 하는 만남—옮긴이)의 세계에 상응하는 여성 퀴어 커뮤니티는 없다. 다만 페미니스트들이 지방 혐오 해체에 참여했기 때문이든, 비만 여성들에 대한 욕망 때문이든, 아니면 두 가지가 결합한 이유에서든 비만 수용운동_fat acceptance movement 은 퀴어 여성들 사이에서 열렬한 지지를 받았다.

1990년대의 짧지만 치열하고 짜릿했던 순간에는 퀴어 비만 여성들의 커뮤니티인 팻걸_FaT GiRL(비만 레즈비언과 그들을 원하는 여성들의 모임)과 사이즈 퀸_Size Queen까지 생겨났다. 후자는 성적 커뮤니티를 넘어서서, 퀴어 비만인들을 위한 포르노를 퀴어 여성 및 트랜스젠더들이 자체 제작하는 대담하고 유쾌한 시도를 하고 있다(깜짝 공개: 나는 한때 사이즈 퀸이 제작하는 작품의 열렬한 구독자였다. 게다가 책임을 맡은 많은 크리에이터와 아티스트들은 지금도 나의 친구들이다).

추정컨대, 스스로를 이들 그룹과 커뮤니티의 일원으로 생각하지 않는 비만인들도 많다고 반박하는 목소리가 분명 있을 것이다. 그럼에도 불구하고 이런 집단을 소개하는 이유는 의견이 분분해 보이는 뚱뚱한 몸에 대한 욕망을 이해하는 데 다소나마 도움을 주기 위해서다.

무언가를 간단히 분류한 뒤 상자에 담아 뚜껑에 라벨을 붙인다면 문제는 간단해진다. 누구를 섹시하고 매력적이며 인기가 있다고 해야 할지, 또 누구를 성도착자이거나 페티시스트로 구분해야 할지, 또 누구는 그저 단순한 기벽이 있다고 정의할 것인지에 대한 혼란을 깨끗이 잠재울 수 있을 테니 말이다.

이런 식의 분류는 일부에게는 편하지만, 모두에게는

솔직하지 못한 구석이 있다. 분류작업을 끝내고도 뭔가 찝찝한 기분이 남는 것처럼, 현실은 훨씬 더 복잡하다. 우리의 행동이 증거가 되어주듯 인간의 욕망은 방대한 연속체로 구성되며 우리가 거기에 족쇄를 채우려 할수록 욕망은 끊임없이 저항한다.

우리는 때로 노골적으로, 때로는 은연중에 우리 문화가 수용하지 않는 다양한 성적 욕망을 인정하지 않도록 배운다. 모두 알다시피 꽤 최근까지도 역사적으로 '감히 상대를 밝힐 수 없는 사랑'(오스카 와일드의 연인으로 알려진 알프레드 더글러스 경의 시 〈Two Loves〉의 마지막 구절—옮긴이) 즉, 다른 남자에 대한 한 남자의 사랑은 감히 인정받지 못했다.

우리는 또한 매력이란 것이 흔히 믿는 것처럼 정적이고 고정적이지 않다는 사실을 받아들이지 않으려 한다. 나아가 성생활을 하는 동안 많은 다양한 사람들과 특질에 욕망을 품을 수 있다는 사실을 인정하려 들지 않는다.

비만인으로 산 덕에 알 수 있었다,
뚱뚱함에 가해지는 두 개의 시선을…,

퀴어이자 뚱뚱한 여자로 살아오면서 나는 키가 크거나 작고, 마르거나 정도가 다양한 비만 파트너들과 사귀었다. 배가 나오지 않고 울퉁불퉁 근육이 탄탄한 상대는 내게도 가장 강렬하게 끌리는 대상이었다. 하지만 이 지구상에는 너무도 다양하게 멋진 유형의 인간들이 존재한다고 나는 생각한다. 나는 한 번도 어느 정도로, 어떤 식으로 지방을 가진 몸이 섹시한지 질문해보지 않았다. 누구나 얼마든지 섹시할 수 있다는 사실을 잘 알았기 때문이다.

그러나 한동안은, 내가 아는 많은 비만 여성들이 그러하듯 누군가가 나의 뚱뚱한 몸을 매력적이라고 말할 때마다 매우 혼란스러웠다. 어떤 비만은 받아들여지고 나머지는 부도덕하다고 믿으며 지방을 구분하는 태도는 알다시피 단지 이론적인 학습에 그치지 않는다.

그렇다, 나는 다른 사람의 뚱뚱한 몸을 탐했다. 하지만 그들의 몸과 내 몸, 나의 흥분과 그들의 흥분은 별개라고 생각했다. 내 몸, 혹은 그렇게 믿도록 사회화된 나는 받아들여지지 않고, 사랑스럽지 않으며, 누구도 원하지 않고, 같이 자고 싶지 않은 존재라고 여겼다. 내가 대화를 나눈 많은 비만인과 마찬가지로, 어린 시절의 나 역시 나에게 성적 관심을 보내는 사람들을 의심했다. 아마도 나를 동정하거나 아니면 수상쩍은, 불건전한 페티시에 빠져있는 사람일 거라며 의심의 눈초리를 보내곤 했다. 심지어 그런 심리적 장벽을 극복한 후에도 여전히 나의 뚱뚱함을 다른 어떤 것으로 보충해야 한다고 느끼기 일쑤였다. 상대방이 명백히 나를 원했을 때조차 말이다. 분명히 말하는데, 이런 강박은 누군가의 섹스 라이프가 시작될 때 도움이 되거나 건강한 상황은 아니다.

20대 초반 나는 끔찍한 2주일을 겪었다. 데이트를 하던 중 상대는 부적절하게 공격적으로 내 살을 한 움큼 멍이 생기도록 세게 움켜쥐고는 "아무리 해도 너에게 질리지 않아."라며 계속 중얼거렸다. 너무 아팠던 나는 그만하라고 소리쳤다. 그래도 저항이 무시되자 단단한 무릎으로 상대의 사타구니를 걷어차고는 나무로 된 신발 뒷굽으로 발등을 짓누르는 전통적인 호신술로 간신히 곤경에서 탈출했다. 내가 차 문을 쾅 닫았을 때 미래의 데이트 강간범은 내 등에 대고 고함을 질렀다. "너랑 만나주는 것만으로도 감사해야 해, 이 뚱보년아!"

일주일 여가 지나서 나는 또 다른 데이트를 했다. 그저 아는 누군가를 소개해주겠다는 친구와의 약속을 지키기 위해 응한 자리였다.

놀랍게도 그 날 저녁 데이트 상대는 뚱뚱한 여자를 좋아한다고 공개적으로 말했다. 우리는 함께 터키 음식을 먹었다. 나이가 많고 부유했던 그 남자는 일종의 슈가 대디(만남의 대가로 젊은 상대에게 재정적 지원을 하는 미국 중년 남성을 일컫는 말이다─옮긴이) 역할을 제안했다. 자신의 페니스를 나의 뚱뚱한 접힌 살 사이에 넣고 문지르게 해줌으로써 욕망을 충족시키면 그에 대한 대가를 지불하려고 했던 것 같다.

나는 짐작조차 하지 못했다. 내 몸을 그런 식으로 사물화한다는 것이 불안하고 불편했으므로 망설이지 않고 거절했다. 그는 적어도 처음에는 그런 거절을 별로 기분 나빠하지 않았다. 그가 나에게로 걸어와 다시 한 번 생각해보라고 했다. 내가 두 번째로 거부 의사를 밝히자 그는 나에게 그런 요구를 받는 것만으로도 감사해야 한다고 말했다. 나처럼 뚱뚱한 여자는 "그런 몸을 숭배하는 상대를 만날 기회가 흔하지 않기 때문"이라고 했다. 지하철을 타고 집으로 돌아오는데 묘하게 꾸중을 들은 것 같은 기분이 들었다. 내심 그 남자의 말이 옳을까 봐 나는 걱정스러웠다.

그 날 밤 늦게 욕조에 몸을 담그고 있던 나는, 나에게 무슨 일이 일어난 것인지를 불현듯 깨달았다. 사람들이 나에게 관심을 드러내기 시작했다는 사실을 명백하게 자각한 것이다. 나의 뚱뚱한 몸이 섹스 파트너를 구하는 데 있어서 반드시 약점이 아니라는 사실도 분명히 알게 되었다. 사실 어떤 사람들에게는 그것이 중요한 매력이었다. 그런데 내가 나의 뚱뚱한 몸에 대해 성적으로 접근하는 것을 거부하자, 그들은 즉각 내 몸을 모욕했다. 나를 모욕하는 대신 나의 뚱뚱함을 모욕했다. 조금 전까지만 해도 자신이 애타게 구걸하던 뚱뚱함에 낙인을 찍음으로써 나를 무너뜨리고 조종하려 들었다.

이 얼마나 기막힌 이중성이란 말인가. 나는 다음과 같이 결론 내렸다. 그것은 엄연히 미수에 그친 데이트 강간이었다. 거들먹거리며 나를 조롱하던 슈가 대디 후보자는 심지어 그런 일이 일어나고 있다는 사실을 내가 알아차리게 했다.

어린 시절부터 뚱뚱함을 적절하게 통제해야 한다고 세뇌당했으므로, 주변 문화가 나에게 '세상이 뚱뚱함을 어떻게 다루는지 배워야 한다'고 요구해 왔으므로, 나는 그 남자가 휘두르려 했던 폭력의 실체를 곧바로 알아봤다. 어머니로부터 "넌 얼굴이 예뻐도 뚱뚱하니까 부끄러워야 해."라는 말을 때마다, "결국 누군가는 너의 성격만 보고 데이트를 할 거야."라며 한숨 쉬는 소리를 들을 때마다 나는 뚱뚱함에 가해지는 억압을 느꼈다. 다이어트를 종용하는 광고와 텔레비전, 그리고 평생 다이어트를 포기하지 않을 것만 같았던 어머니를 지켜보면서, 또 이혼한 아버지의 2층 셋집 욕실에 쌓여있던 〈플레이보이〉 잡지를 통해서 나는 그런 시선을 내면화했다.

가끔은 순전히 움츠러드는 내 모습을 보고 싶었던 누군가가, 나를 빤히 쳐다보며 뚱뚱함을 모욕하는 말을 직설적으로 내뱉기도 했다. 그럴 때마다 나는 마음 한편으로 '이유 없이 잔인하게 구는 말'에 지나지 않는다며 무시하려 애썼다. 하지만 이유 없는 잔인함은 이미 다른 모든 곳에서 받았던 메시지를 말로 옮긴 것에 불과했다. 잔인함이 정확함이라는 가면을 쓰는 건 불가능한 일이 아니다.

"그런데 말야,
그 남자들이 무슨 자격으로
너한테 날씬해지라고 강요를 하지?"

이렇듯 비만이 여성들을 비참하게 만들지 않는 경우를 나는 본 적이 없다. 아니 그보다 여성들은 비만이 자신을 비참하게 만든다고 믿게끔 배웠다. 스스로 비만으로부터 도망치려고 시도함으로써 더 비참해지는 일도 드물지 않았다. 고등학교 시절, 나는 화장실이 점심식사 후 대식증 환자들이 구토하기 위해 즐겨 찾는 곳이라는 사실을 우연히 알았다. 인기 있고 날씬한 여자애들은 화장실을 계속 들락거렸다. 쉬지 않고 들려오는 화장실 변기 물 내리는 소리는 그들이 쓴 가면이 얼마나 많은지 내게 알려주었다. 내 친구의 어머니인 우아하고 호리호리한 전 패션모델은 거식증 때문에 수개월간 병원에 입원하기도 했다.

엘리자베스 테일러 같은 곡선을 자랑하던 우리 어머니는 반복적으로 빠졌다 붙었다 하는 상습범인 6킬로그램에 대해 으르렁거리며 화를 냈다. 그 시절에 찍은 어머니의 사진 중 경직되거나 힘들어하지 않는 모습은 하나도 없다. 어머니의 표현에 따르면 '날씬해 보이려고 배에 잔뜩 힘을 주었기 때문'이다.

20대의 나는 친구들이 자신의 뚱뚱함에 대한 불안을 털어놓는 상대가 되어있었다. 여성은 물론 내가 아는 적지 않은 수의 게이 남성들이 뚱뚱해서 버림받을까 혹은 데이트를 못 하게 될까 걱정스러울 때마다 나를 찾아와 동정받으려 했다. 적어도 그들에게 '뚱뚱하다'라는 말은, 자신이 상대의 마음에 들지 않을까 봐 두렵다는 표현이었다. 그러니까 '뚱뚱함'이란 단어는 두렵다는 말을 하고 싶을 때 쓰는 단골 용어였다.

어쨌든 그들에게는 주변 인물들 중 누가 봐도 뚱뚱한 나를 찾아오는 것이 안전했을 터였다. 어쩌면 자신이 적어도 나보다는 뚱뚱하지 않았으므로, 비교 우위를 통해 위안을 얻고 싶었는지도 모른다. 내가 "넌 지금 모습으로도 충분히 멋지고 사랑스럽고 스마트해." 혹은 "체중이 얼마 나가든, 뱃살이 얼마나 많든, 허벅지가 얼마나 두툼하든, 그게 무슨 상관이야."라고 말할 때 그들은 위로를 얻는 것 같았다.

나는 늘 가방에 티슈를 넣어 다니고, 책상에도 티슈 상자를 두었다. 그들이 뚱뚱함으로 인한 고뇌를 털어놓을 때마다, 눈물을 비처럼 쏟아내는 일이 다반사로 일어나기 때문이었다. 곧 폭우가 쏟아질 듯 뚱뚱함에 대한 불안을 먹장구름처럼 이고 있던 그들은 내가 자신의 두려움에 공감하며 아름답다고 치켜세워주면 그제야 안심하며 햇살 같은 웃음을 드러냈다.

하지만 나는 결국 뚱뚱한 친구가 되기를 그만두었다. 내가 더는 뚱뚱하지 않거나 그 역할이 마음에 들지 않아서는 아니었다. 내가 그들에게 해주고 싶은 지지의 유형이 바뀌었기 때문이다. 친구들은 공감을 통한 안심을 원했지만 내가 그들에게 주고 싶었던 것은 현실 인식이었다.

나는 친구의 상대 남성들이 그렇게 까다롭게 구는 이유가 뭔지 집요하게 캐물었다. 그런 규칙은 누가 만들었는데? 도대체 그 남자들이 무슨 자격으로 너한테 날씬한 몸매를 강요하지? 자기들은 얼마나 완벽하길래 상대의 엉덩이 크기와 모양, 밀도, 흔들리는 각도가 제 마음에 드는지 안 드는지 판단해대고, 즉각 거부할 수 있는 거지?

나는 뚱뚱함이 야기한 불안 대신 사실상 더 중요한 문제에 대해 날카롭게 질문했다. 성적인 관심을 표하면서도 공식적인 여자친구로 인정하려 들지 않는 남자들과 사귄 경험이 있는 나는 누군가를 섹스 상대로 여기는 것과 자신의 자아상에 맞는 상대로 존중하는 것은 엄연히 다르다는 사실을 알고 있었다.

내 친구들이 상대에 대해 갖는 호감도는 절대로 의심스럽지 않았다. 나는 그 사실을 잘 알았다. 하지만 그 친구들이 직면한 문제가 자신의 몸이나 비만, 그로 인한 열등감이 아니라 남자의 인성과 훨씬 더 관계 깊다는 내 말을 친구들은 놀라울 정도로 믿으려 하지 않았다.

짜증이 났지만 당혹스럽지는 않았다. 지방 혐오와 신체 혐오 이데올로기의 힘이 그만큼 강력하다는 걸 반증하고 있었기 때문이다. 지방 혐오 이데올로기는 개인들로 하여금 지위와 권력에 의해 자신들의 삶이 뒤틀리고 있음을 인지하지 못하도록 유도한다. 대신 자신에 대한 최악을 믿게 함으로써 문제의 원인을 엉뚱한 방향으로 돌리는 술책을 편다.

여성혐오증,
집행이라는 명목으로 가해지는 섹시즘의 징벌

철학자 케이트 만Kate Manne은 2018년 논문으로 발표해 이듬해 책으로도 출간된 《다운 걸: 여성 혐오의 원

철학자 케이트 만(오른쪽)이 쓴《다운 걸: 여성 혐오의 원리*Down Girl: The Logic of Mosogyny*》
여성 차별의 작동원리를 명쾌하게 고발한 이 책은 21세기 젠더 문제를 바라보
는 사람들을 새롭게 일깨우며 베스트셀러가 되었다.

리*Down Girl: The Logic of Mosogyny*》에서 섹시즘(성차별)은 본질적으로 이론이며, 여성혐오증은 실천 즉, 집행이라는 명목으로 징벌하는 섹시즘의 '경찰'이라고 단언한다. 이 분석은 개개의 여성 혐오 행위자들이 각자 여성에 대해 어떻게 느끼냐를 두고 어리석은 예선전이라도 펼치느라 발목 잡히는 대신 여성 혐오가 어떻게 이루어지는지에 대해 조명한다. 그렇게 함으로써 저자는 스스로 억압에 가담하는 여성들에게 중요한 통찰력을 준다. 개도 몽둥이로 코를 맞으면 무슨 짓을 하면 안되는지 금세 배운다.

섹시즘(성차별)은 여성을 인간이 아닌 남성의 소유물이라고 단언한다. 남성은 여성의 에너지, 관심, 신체, 재생산력, 노동력, 애정을 모두 가질 자격이 있다고 말이다. 나아가 여성은 물건에 지나지 않으므로 언제나 음미할 수 있다고 가르친다. 마찬가지로 섹시즘은, 여성은 아름다워야 하고, 남성에게 매력적이어야 하며, 남성의 마음에 드는 상태가 되어야 한다고 주장한다.

여성 혐오는 그에 부응하지 않는 여성들에게 어떤 일이 일어나는지 분명히 말해준다. 그 룰을 따르지 않거나 룰을 따르려고 열심히 노력한다는 사실을 제대로 증명하지 못하면 거부, 소외, 배제, 빈곤, 모욕, 공격 같은 대가를 치르게 한다. 이것들은 모두 여성이 마땅히 해야 할 일, 다시 말해 뚱뚱하지 말아야 한다는 요구를 거부할 때 때 받는 싱벌이다.

케이트 만의 논문이 증명한 내용, 즉 여성은 뚱뚱할수록 받아야 할 것을 덜 받는 반면 남성들은 그렇지 않다는 사실을 달리 뭐라고 불러야 할까? 나아가 뚱뚱한 여성들은 가정 폭력을 당하는 빈도가 더 높고, 그들이 당하는 폭력의 수위는 더 강하며, 심지어 치명적이라는 수많은 국제적 연구 결과를 어떻게 해석해야 할까? 많은 비만 여성이 경험했듯이, 비만 여성이 강간을 당했을 때 오히려 '누가 너 같은 여자와 섹스하고 싶겠냐, 운이 좋은 줄로 알아야 한다'는 말을 듣게 되는 상황을 우리는 달리 뭐라고 부를 수 있을까?

여성스럽고 호감이 가고 지방이 적은 몸매가 여성들이 바라는 외모의 확고한 기준이라는 사실이 우리는 조금도 놀랍지 않다. 도달할 수 없는 목표라는 사실은 중요하지 않다. 그저 살아남기 위해 노력하고, 운이 좋아서 과도한 응징의 대상이 되지만 않으면 된다.

살을 빼고 마른 상태를 유지하는 것이 여성들의 가능성과 가치의 훈장이 된 것은 우연이 아니다. 우리가 스스로 자신의 경찰이 되고, 고문자와 교도관이 되고, 이따금 살인자가 되고, 나아가 뚱뚱함을 빌미로 여성이 다른 여성 심지어 자기 아이를 공격하는 것은 전혀 이상하지 않다.

남성이 권력과 부의 커다란 몫을 쥐고 있는 (그리고 역사적으로 그렇게 해온) 문화에서 남성이 못마땅해한다는 것은 재앙이 임박했다는 위협이나 마찬가지다. 여성들이 자신을 호되게 꾸짖고, 굶고, 자기 아이를 꼬집해 다른 사람들을 모질게 대하고 학대하면서도 마음으로는 '다 네가 잘되게 하려고' 그러는 거라고 믿는 이유도 그 때문이다. 그토록 많은 여성이, 우리가 절대적으로 완벽하지 않으면 사랑받지 못하고 배제당하고 버림받는 운명을 피할 수 없을 거라 믿으며 성장하는 건 그런 이유다.

우리가 유명인사의 체중 변화에 관한 뉴스에서 눈길

을 떼지 못하고, 'The Biggest Loser'(미국 NBC에서 방영했던 리얼리티 체중 감량 경쟁 프로그램)나 'My 600Pound Life'(미국 TLC에서 방영했던 초고도 비만자의 생활을 보여주는 리얼리티 프로그램) 같은 프로그램을 못 박힌 듯 앉아 시청하는 것도 그 때문이다.

이 모든 것이 이 책의 서문에서 내가 언급한 여성처럼 "나 두려워." "나 불안해." "매력이 사라질까 봐 걱정돼." 또는 "나는 사랑받을 가치가 없는 것 같아."라고 말하는 대신 "나 살찐 것 같아."라고 말하도록 우리가 배우게 되는 경우다.

비만이 페미니즘의
주요 이슈일 수밖에 없는 이유

수지 오바크Susie Orbach의 오래된 책 제목처럼 간단히 말해서 '비만'은 페미니즘의 이슈다. 다양한 방식으로 일어나는 상황을 보면 비만을 가지고 페티시 운운하는 것은 가부장제의 문제다. 식품에 대한 페티시든, 침대에서의 페티시든, 혹은 본질적으로 비호감이고 처참한 모든 것에 대한 것이든, 페티시에는 권력과 지위, 인종주의와 성차별, 계급주의와 관계된 모든 것이 들어있다.

내 조사 결과가 보여주듯이, 그리고 다른 많은 백인 비만 여성 동지들이 겪어왔듯이, 만약 내가 계속해서 뚱뚱하면 흑인이나 아랍 남성들만 우리를 매력적으로 볼 거라는 경고를 들어온 것은 충분한 이유가 있었다. 나의 어머니가 입버릇처럼 강조했듯이 "너처럼 뚱뚱한 부류는 그 사람들이나 좋아한다."라는 말은 비만에 대한 욕망이 수상쩍고 이질적이며 비정상이라는 사실을 다시 한번 확인시켜 준다.

나는 성적인 비만 페티시에 대해 (교육받은 대로) 역 겨움을 표하는 것이 단순한 오락거리라고 믿게 되었다. 세상이 괴짜와 별난 사람들에 대해 키득거리고, 비만과 비만 성애자를 특이한 볼거리나 경고성 이야기로 이용하도록 방치하면, 현실과 이미 널리 공유된 비만 페티시를 제대로 인식하는 일이 어려워질 수밖에 없다. 다른 많은 것들이 그렇듯 이 페티시도 지위와 권위에서 비롯된다.

지방이 세련됨, 좋은 맛, 부, 특히 통제의 의미를 함축할 때 그 가치는 높아진다. 희귀할수록 마음껏 부러워해도 좋은 대상이 된다. 가령 완벽한 모래시계형 몸매와 인상적인 카다시안의 엉덩이를 떠올려 보라. 그것은 (a) 인종주의 사회에서 향유하기에 적절한 피부색이고 (b) 제멋대로 출렁거리지 않고 탄탄하게 단련돼 있다.

집안의 가보로 내려오는 품종 좋은 햄이라든가 명가의 농장에서 수백 년째 정성껏 가꾼 나무에서 수확한 올리브오일을 상상해보라. 지방이 적게 함유되고 희귀하고 그 성분이 특수할수록 호감도는 수직 상승한다.

반면 흔하고 완벽하지 못한 지방은 재앙이다. 너무 쉽게 얻을 수 있고, 우리가 원하든 아니든 눈에 잘 띄는 곳에 달라붙어 있을 때, 제 나름의 원칙이 있어서 복종을 요구하는 가상의 규칙을 따르려 하지 않을 때, 그것은 혐오스럽고 창피하며 당혹스러운 존재가 된다. 유명 셰프가 지휘하는 주방에서 만든 고베비프 버거와 오리기름 감자튀김은 오명을 피하기에는 너무 흔하고 뻔한 속임수이다. 뚱뚱한 여성 또한 받아들이기에는 너무 눈에 잘 띄고, 자제력이 없음이 명백하고, 이기적인 생명체이다. 나쁜 그녀들을 세상이 응징하지 않는 것은 반칙이다. 그런데 욕망한다고? 어느 누가 재앙을 탐할 수 있겠는가?

자기 통제는 옳고 바람직하다. 다만 신체는 순종을 강제하기에는 한계가 있다. 우리 몸은, 아무리 애써도 스스로 통제할 수 있는 것은 고작 이 정도라는 사실만을 명확히 보여주기 일쑤다. 그런 상황에서 자기 자신을 혐오하고, 자기 신체를 배신과 재앙으로 모는 게 정당하다고 생각하는가?

단지 공공연하고 요란하게 페티시화 된다는 이유로 자신의 외모 여기저기를 향해 관념적인 화살을 쏘아대는 행위는 내가 보기에 선제적 자기 응징이나 마찬가지다. 다른 사람이 우리를 해치지 못하는데 스스로 먼저 나서서 자기를 해치는 것처럼 말이다.

자기 혐오는 코코넛오일처럼, 우리가 바라는 것을 얻는 데 아무런 도움이 안 된다. 게다가 초콜릿칩 쿠키에 버터 대신 넣기 좋은 대용품이라는, 코코넛오일이 지닌 벌충의 미덕조차 발휘하지 못하게 만든다.

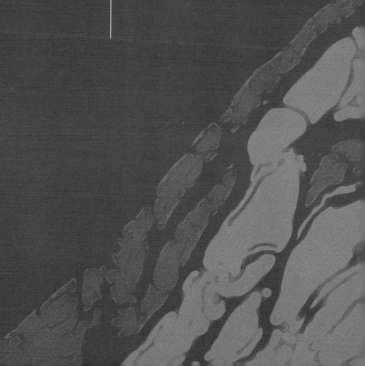

CHAPTER 5

비만과 권력의 상관관계,
그 너머의 진짜 이야기들

문이 닫히기 전까지 어떻게 울음을 참았는지 모른다.

때는 1999년. 나는 책 《*Big Big Love*》 집필을 위한 자료 조사차 사람들을 인터뷰하는 중이었다. 이 책은 비만인들과 섹슈얼리티를 다루는 나의 첫 저서가 될 터였다. 소설 형식으로 글을 쓰고 있었던 나는, 그 분야를 다룬 다른 책이 있는지 알지 못했기 때문에 (지금은 그런 책이 이미 나와 있다고 자신 있게 말할 수 있어서 기쁘다. 그리고 내 책이 재판再版을 찍어서 기쁘다) 가능한 많은 경험을 반영하는 게 절대적으로 필요하다고 생각했다. 이를 위해 나는 인맥을 총동원해 최대한 많은 인터뷰를 진행했고, 나의 홈오피스 2인용 소파는 몇 주일째 온갖 종파와 배경을 가진 거대한 엉덩이들을 매 시간 맞고 있었다.

　섹슈얼리티 리서치를 수행해온 우리 같은 사람들은 금방 알게 된다. 〈펜트하우스 포럼*Penthouse Forum*〉(1968에 창간된 건강, 의학, 심리학, 인간관계 등을 다루는 인기 대중잡지—옮긴이) 과월호 더미처럼 반쯤 잊히거나 묻혀있는 그들의 이야기는 흡사 감정의 지뢰밭을 연상케 한다. 즐거운 희롱과 멀티플 오르가슴에 관한 이야기 못지않게 섬뜩한 트라우마 이야기를 듣는 일에도 금세 익숙해진다.

"다만 내가 견딜 수 없는 건
뚱뚱한 여자로 계속 이 세상을
살아가는 거예요."

　나는 정보원과 감정적인 거리를 유지하려 애썼다. 가능한 인터뷰이의 삶에 개입하는 걸 자제하면서 그들이 들려주는 이야기를 청취하려 노력했다. 그러던 어느 날 오후 인터뷰 대상자가 들려준 말은 나를 충격에 빠뜨렸다. 그 이야기가 얼마나 끔찍한 상처를 주었는지 오랫동안 비참한 기분에서 헤어나지 못했다.

　동네 주변에서 가끔 스칠 때마다 섹시하다고 느꼈지만 대화를 나눌 기회가 없었던 한 부치 다이크 butchdyke(여성 동성애에서 남자역을 맡는 사람을 일컫는다—옮긴이)가 인터뷰에 자원했다. 연인을 동반한 채 내 앞에 앉아 있던 그는 무슨 생각이었는지 자신의 성전환 계획을 자세히 설명했다. 나아가 의사에게 제출할 소견서를 얻기 위해 치료사에게 상담해야 할 내밀한 내용까지 털어놓던 그가 의외의 말을 덧붙였다.

　"사실 난 남자가 되고 싶은 게 아니에요." 당혹스러워하는 나를 보며 그가 계속했다. "난 지금처럼 여자로 사는 게 좋아요. 하지만 뚱뚱한 여자로 이 세상을 사는 건 더는 못하겠어요. 물론 치료사에게 그 말을 할 수는 없겠죠. 그럼 절대로 소견서를 써주지 않을 테니까요. 이 가슴만 없으면 훨씬 나아질 거예요. 난 여전히 뚱뚱하겠죠. 괜찮아요. 하지만 뚱뚱한 여자로 사는 것은 싫어요. 더는 뚱뚱한 여자로 살기 싫어요."

　또 한 명이 여성 동성애자가 성전환을 통해 남성이

된다는 사실이 언짢았던 것은 아니다. 소수지만 꾸준히 그 길을 택하는 사람이 늘고 있다는 사실을 나는 잘 알고 있었다. 게다가 그들이 알몸이 되었을 때 만족하고 행복하다면 그걸로 됐다고 생각했다. 나는 절대로 어떤 감정도 없있다. 그러나 이번은 달랐다. 내 인터뷰이가 비만으로 겪는 고통은 매우 컸고, 뿌리도 깊었다.

그는 더 날씬해졌으면 좋겠다고 말하지 않았다. 실제로 남자가 되고 싶은 것 같지도 않았다. 하지만 내 인터뷰이가 말한 간절한 바람은 너무나도 구체적이고 명확했다. 더는 뚱뚱한 여자로 살지 않는 것.

인터뷰가 끝나고 작별인사를 한 후 나는 인터뷰이의 체온이 남아있는 소파에 앉아 티슈 상자에 연신 손을 뻗으며 한참이나 울었다. 내가 나인 채로 존재하는 것, 뚱뚱한 여자의 몸으로 살아가는 게 그토록 견디기 힘들었을까. 내 인터뷰이 역시 다른 비만 여성들이 겪는 자기혐오를 경험했던 것일까? 주변 사람들 눈에 자신이 뚱뚱한 여자로 보인다는 사실을 인지하는 순간 파도처럼 몰려오곤 하는 그 감정을? 뚱뚱한 여자보다 뚱뚱한 남자로 사는 게 정말로 훨씬 나을까? 어째서 그

차이를 만들어낸 게 가슴이었을까?

그 인터뷰이에 대해 언짢은 감정이 없었다는 점을 분명히 밝혀두고 싶다. 두 사람에게 무슨 일이 있었든 그들이 지금 가진 몸으로, 어딘가에서 더없이 행복하게 살기를 바라고 기도한다. 나는 그들에게 한 가지 빚을 졌다. 그들 덕분에 나는 뚱뚱한 외모에 대해 깊이, 오랫동안 생각할 수 있었다.

모든 비만은 만들어진다
특히 여성들에게만 가혹하게

내가 지금까지 수십 페이지에 걸쳐 말했듯이 모든 비만은 만들어진다. 그러나 모든 비만이 똑같이 만들어지는 건 아니다. 비만에도 계급과 인종, 성별, 젠더가 있다. 눈에 보이는 과잉 지방이 몸의 어느 부위에 있느냐 하는 문제는 얼마나 많은 지방이 있느냐와 함께 우리 문화에서 깊은 의미를 지닌다. 아니 적어도 그린 의미를 지니도록 우리가 만들어왔다. 여기에는 지방이 만들어낸 체형, 지방이 초래한 몸매도 포함된다.

우리는 몸속 지방을 원하는 특정 모양으로 만들거나 몸의 특정 부위에만 축적되도록 조절할 수 없다. 하지만 우리 삶은 지방이 쌓인 형태에 의해 주조된다.

생물학은 우리가 지방을 얼마나, 어디에 저장하느냐를 결정한다. 대체로 영아와 유아는 몸 어디에나 지방이 저장되어서, 통통하고 작은 팔다리와 볼을 주무르거나 오동통한 작은 발가락 깨무는 시늉을 하기 좋아하는 나 같은 아줌마들을 대단히 기쁘게 한다. 하지만 아쉽게도 아기의 지방은 서서히 빠진다. 그리고 나서 몸에 지방이 별로 남지 않게 되면, (마땅한 표현이 없지만) 아이 형태를 가진 몸이 된다.

사춘기의 호르몬 폭풍이 도래하면 모든 것이 다시 변화한다. 태어날 때 여성으로 정해진 사람들의 몸은 선택적으로 엉덩이와 궁둥이, 허벅지, 가슴에 지방이 축적되기 시작한다. 반면 태어날 때 남성으로 정해진 사람들의 몸은 대체로 그렇지 않다. 인생의 후반부로 갈수록 남성들의 몸은 상체, 특히 배에 지방이 축적되기 쉽다. 이 부위는 우리가 아직 검증하지 못한 많은 기대와 따라서 확인되지 않은 효능을 가진 원천이다.

내가 '태어날 때 지정된 남성 혹은 여성'이라는 표현을 쓰는 데는 다 이유가 있다. 의사가 갓 태어난 아기의 생식기를 보고 시각적으로 내리는 성별 진단은 여러 가지 이유로 타당하지 않을 수 있다. 자발적이고 의도적인 이유로, 생물학적으로 구분하는 '남성' 또는 '여성'의 몸에 대한 기대에 온전히 부응하지 못하는 사람들이 많기 때문이다. 심지어 우리 문화가 시스젠더 cisgender(생물학적 성별과 심리적인 성별이 일치하는 사람이나 상태. 결국 트랜스젠더와 반대되는 개념이다―옮긴이)에게 기대하는 성별 정체성에 맞지 않는 사람들은 더욱 많다. 즉 태어날 때 생물학적 female로 정해신 사람들은 여성이 되고 여성적이어야 하며, 태어날 때 생물학적으로 male로 정해진 사람들은 남성이 되고 남성적이어야 한다는 기대 말이다.

그런데 비만인은 그 모든 것의 중간지대에 있다. 우리는 대체로 뚱뚱함을 여성적이라고 해석하는 경향이 있다. 내가 앞서 언급한 사람들이 치켜세우는 '모래시

셀룰라이트 제거 크림 광고.
세계 각국에서 시판되는 셀룰라이트 제거 광고들은 선정적인 이미지를 내세워 뚱뚱함에 대한 혐오와 적대감을 조장하기 일쑤다.

계' 체형은 여성적인 뚱뚱함의 고전적인 사례로, 단지 적절한 신체 부위가 적절한 비율로 적절한 양만큼 부풀어 올랐을 뿐이다. 그러나 동시에 우리는 여성적이라는 말에서 셀룰라이트를 연상하기도 한다. 셀룰라이트란 피부 아래쪽 공간을 채운 지방세포 간 연결조직의 힘이 약해져 축적된 지방 윗부분의 피부가 움푹 들어가거나 울퉁불퉁한 상태를 말한다.

일반적으로 태어날 때 여성으로 지정된 사람들이 사춘기에 지방이 증가하는 과정에서 나타나지만, 사실 셀룰라이트는 섹스나 젠더를 가리지 않는다. 태어날 때 남성으로 지정된 사람들에게는 종종 스포츠 셀룰라이트가 생긴다. 그렇더라도 남성들을 겨냥해 셀룰라이트를 없애주는 크림이나 랩, '울퉁불퉁한 마사지 봉' 따위의 제품을 홍보하는 광고는 찾아볼 수 없다.

무엇보다 남성에게는 여성만큼 매력의 기준을 엄수해야 한다는 과제가 주어지지 않는다. 그런 과제야말로 여성 차별주의를 만드는 원인의 일부다. 현재와 같은 상황이 계속된다면, 아마도 남성을 겨냥한 셀룰라이트 퇴치 무기는 영원히 만나지 못할 가능성이 크다.

셀룰라이트는 여성들만 가진 지방의 한 형태로 간주되기 때문이다.

우리는 여러 측면에서 몸의 사회적 의미를 추론한다. 어릴 때부터 키가 큰 남자아이는 타고난 지도자감이라든가, 최소한 스포츠 스타가 될 소질이 있다는 말을 반복적으로 들으며 자란다. 디즈니 영화를 보거나 동화책을 읽어보라. 악하고 교활하고 잔인한 인물은 못생겼거나 늙었거나 혹은 그 두 가지를 다 갖고 있다는 이론에 당신은 금방 세뇌당할 것이다. 가슴이 큰 여성은 여성스럽고 성적으로 더 분방하다는 의미이다. 반면 작은 가슴을 가진 여성은 괴팍하고 여성스럽지 않다. 근육질에 운동을 잘하는 남자는 배불뚝이보다 남성미가 넘친다. 혹은 그렇게 믿는 경향이 있다.

우리는 이런 사실들을 소리 내어 말하지 않는다. 심지어 원하면 크게 말할 수 있는 공간에서조차 요점을 명확히 밝히지 않는다. 몸의 의미에 대한 이 같은 암묵적 믿음은 개인적으로 동의하든 동의하지 않든 문화적인 시볼레트shibboleth(특정한 집단이 다른 집단 또는 외부인을 구별해내기 위해 실험하는 문구나 비밀암호—옮긴이)이며, 우리 모두 알고 이해하는 뻔한 얘기다. 우리는 그것들을 이용해 세상을 이해한다.

여성적인 몸,
남성적인 몸의 잣대들

큰 그림에서 볼 때 이러한 믿음은 꽤 오랜 시간에 걸쳐 만들어졌다. 몸들이 대체로 기대한 대로 보이는 한 (우리 눈에 보이는 신체적 특성이 더도 덜도 아니고 우리가 기대한 대로라는 의미다), 특정한 인간이 일반석으로 인정되는 아이덴티티의 위계 중 어디에 속하는지 알게 되면 우리는 만족스러워한다. 그게 맞으면 그 사람이 누구이고 어떤가에 대한 반사적인 평가를 중단하거나 의심할 가능성이 낮다.

세상을 이해하기 위해 우리가 흔히 이용하는 수많은 잣대가 그렇듯이, 우리는 몸에 대해 깊이 생각해보지 않은 채 무신코 몸을 관찰한다. 뇌는 의식적인 개입을 하는 대신, 외견만 가지고 관성적으로 연결하고 연상한다. 어떤 몸이 우리가 기대하는 것과 달리 행동하거나 움직일 때 충격을 받는 것은 바로 그 때문이다.

우리는 흔히 보고 싶은 것만 보며 살아가는 경향이 있다. 이해의 흐름은 우리에게 익숙한 속도와 방향으로 흘러간다. 그 흐름 속에서 예상치 못했던 것을 만나면 뇌는 빠르고 강하게 브레이크를 밟아야 하고, 이로 인해 우리는 자기 관성의 희생양이 되어 비틀거리고 휘청이기도 한다.

몸은, 우리가 당연히 그래야 한다고 기대하는 방향으로 움직이지 않는다. 당연히 그럴 것이라고 추정하는 대로 보이지도 않는다. 생물학은 타인에게 더 많은 관심을 기울이거나 질문하는(그것은 제발 금해주기를!) 내신 편하게 규정하려 드는 우리의 이기적인 욕망에 구속받지 않는다.

대자연은 우리보다 훨씬 더 창의적이다. 나처럼, 태어날 때 여자로 지정된 사람도 이따금 남성적인 패턴으로 지방이 축적되기도 한다. 내 경우 다낭성난소증

후군Polycystic Ovarian Syndrome: PCOS으로 불리는, 난해하지만 제법 흔한 질병 때문이었다. 이름이 암시하듯 가장 특징적인 증상은 난소 낭종이다. 자궁절제 수술을 집도했던 의사의 관대함 덕에 보게 된 내 난소에는 의사가 고전적인 '진주목걸이' 모양이라고 표현한 작은 낭종들이 표면을 따라 조르르 자라고 있었다. 이 병의 신호는 외적으로 판별하기가 매우 쉽다. 전형적인 증상 중 하나는 태어날 때 여성으로 지정된 사람들에게 기대하는 것처럼 엉덩이나 허벅지에 지방이 쌓이는 게 아니라 흔히 남성과 연관지어 생각하는 뱃살에 축적되기 쉽다는 점이다.

나는 이런 내 모습에 별로 신경 쓰지 않는다. 나에게는 그저 여러 몸의 한 형태일 뿐이다. 그러나 PCOS를 앓는 누구나 똑같지는 않다. PCOS를 앓는 어느 시스젠더 여성은 자신의 올챙이배가 화나고 우울하며 체지방이 자신의 여성성을 왕성하게 갉아먹는 것처럼 느낀다고 털어놓았다.

하지만 이 같은 PCOS형 배를 즐기는 다른 사람을 나는 알고 있다. 그는 태어날 때 여성으로 지정되었지만 좋아하는 젠더 표현은 매스컬린 오브 센터masculine of center; MOC(동성애자 여성이면서, 공격적이고 사내아이 같은 남성적 성향에 가까운 사람—옮긴이)로, 세상에 남성미를 보여줄 때 자신의 커다란 배가 자산임을 깨달았다고 털어놓았다. 뚱뚱한 배는, 스스로 뚱뚱한 배라고 생각하지 않으면 더이상 뚱뚱한 배가 아니다. 세상이 당신을 어떤 섹스나 젠더로 인식하기를 바라느냐에 따라 당신의 몸은 축복일 수도, 짐일 수도 있다.

태어날 때 남성으로 지정된 사람들도 유사한 경험을 한다. 이 경우에는 뱃살 대신 엉덩이와 허벅지가 이슈지만 말이다. 남성으로 식별되는 사람들은 흔히 어깨가 엉덩이 너비와 같거나 더 넓다. 일반적인 상상 속에서 넓은 어깨는 남성성이 더 강하다고 여겨진다.

하지만 몸은 여러 가지 유형으로 존재한다. 태어날 때 남성으로 지정된 사람 중에도 허벅지 살이 두툼하고, 엉덩이가 벌어지고, 간혹 가슴이 발달한 사람도 있다. 그들은 우리가 거구의 남성들에게 기대하는 배(혹은 다른 요소들에 추가해서 커다란 배) 대신 퉁퉁한 엉덩이와 불룩한 가슴을 갖고 있다.

어느 쪽이든 자신의 몸에서 이런 부위에 지방을 지닌 남성들은 심각한 위기로 여기기 쉽다. 실은 그렇지 않은데도 말이다. 여성적인 지방 축적 경향은 테스토스테론이 낮다는 신호는 되겠지만 의학적으로 볼 때 겁을 먹을 정도는 아니다. 여기서 흔히 말하는 위기란, 젠더에 관한 게 전부다. 비만을 묘사하는 어휘 목록에서 두툼한 허벅지와 풍만한 엉덩이는 '여성적'이라는 의미와 같기 때문이다. 남성이란 특권은 세상을 지배할 수 있을지 몰라도 의지와 무관하게 만들어지는 육감적 엉덩이와 푸짐한 궁둥이까지 통제할 수는 없다.

　유전자와 호르몬이 하는 일에
　왜 그토록 많은 의미를 부여하는 걸까?

　어떻게 해야 할까? 결코 다스려지지 않는 지방, 당신의 낡고 지겨운 젠더 기준과 생물학적 종형 곡선(통계에서 정상분포임을 나타내는 곡선—옮긴이) 따위는 신경도 쓰지 않는 이 물질을 어떻게 해야 할까?

할 수 있는 일은 많지 않다. 특정한 '문제 부위'를 교정하기 위해 고안되었다고 주장하는 운동법도 많고, 지방을 없애기 위해 '어떤 멍청한 짓'을 하라고 부추기는 인터넷 미끼가 널려 있지만, 그 어떤 것도 지방을 자유자재로 통제하지 못한다. 당신이 의도적으로 원하는 신체 부위에, 가령 배에 치즈 케이크를 문질러서 지방을 쌓을 수 없듯이 윗몸일으키기로 지방을 없앨 수도 없다. 몸이 체내 지방을 가지고 물질대사를 할 때, 몸 전체의 지방이 조금씩 이용될 뿐이다.

우리 눈에 특정 부위 지방이 더 많이 빠진 듯 보이는 건, 가령 얼굴이나 발목이 더 야위어 보이는 이유는 애초 덜 축적된 부위에서 지방이 빠진 결과다. 얼굴의 경우 단지 우리가 더 자주, 더 오래 보는 까닭에 바뀐 상황을 알기도 쉽다.

진실은, 유전자와 호르몬의 출동 명령이 떨어지는 부위에 지방이 축적된다는 점이다. 그건 우리의 소망이나 행동과 아무 관련도 없다. 그런데 왜 우리는 몸이 나름의 불가해한 이유로 하는 일에 그토록 많은 의미와 겹겹의 중요성을 부여할까?

남성으로 식별되는 사람의 엉덩이가 둥글거나 허벅지와 엉덩이가 클 때, 사람들은 종종 그가 게이일지 모른다고 추정한다. 나의 트랜스매스컬린transmasculine(태어날 때는 여자로 지정됐지만 섹스나 젠더는 현재 스펙트럼에서 남성 쪽에 있는 사람들) 친구 중 한 명은 성전환 사실이 밝혀질까 두려운 나머지 툭하면 둥글고 풍만한 엉덩이를 저주한다. 젠더 스펙트럼의 또 다른 쪽에서 여성으로 성전환한 친구들은 의사에게 꾸중을 듣거나 더러 필요한 의학적 처치를 거부당하기도 했다. 체중이 늘고 배에 지방이 쌓였다는 이유에서였다.

올챙이배는 특히 여성답게 보이지 않을 수 있다. 그렇다고 해서 몸에게 지금 지방이 쌓인 곳 말고 젠더를 확인시켜 줄 만한 다른 부위에다 쌓으라고 가르칠 수 없는 노릇 아닌가?

의사들도 이 점을 너무 잘 안다. 그런데도 여성으로 성전환한 내 친구들이 배에 지방이 끼도록 방치했다고, 진심으로 여성이 되기 위해 노력하지 않았다고 의사들은 질책한다. "만약 당신이 내가 생각하는 여자처럼 보이지 않는다면 나는 당신에게 여자로서 필요한 처치를 해주지 않겠다."라는 메시지를 분명히 한 것이다.

그 의사들이 시스젠더인 내 배를 보고도 똑같이 말할지 궁금하다. 하기야 시스젠더이든 트랜스젠더이든 불문하고, 몸의 어느 부위에든 지방이 쌓인 것에 관해 그들은 똑같은 말을 늘어놓을 공산이 크다.

뚱뚱한 여성은 남성 및 마른 여성보다
형사상 절차에서
유죄를 받을 가능성이 훨씬 더 높다

친애하는 내 친구이며 멋진 트랜스젠더 작가 겸 연기자인 S. 베어 버그만S. Bear Bergman은 남자로 성전환한 후 달라진 점에 대해 종종 이야기를 들려준다. 내가 가장 좋아하는 일화는 그가 이제는 레스토랑에서 콜라를 주문할 때 레몬 조각을 띄운 다이어트 콜라가 아니라 일반 콜라를 주문한다는 이야기다.

이 말 덕분에, 그리고 그와 비슷한 다른 어떤 이야기로 인해 나는 마침내 1990년대로 돌아가서, 내 2인용 소파의 앉아 있던 그들이 매력적인 영혼과 젠더를 바꾸겠다고 선언했을 때 내가 왜 그토록 비참한 기분이 들었는지 비로소 이해할 수 있었다.

내가 화났던 이유는 오로지 젠더와 관련된 것이었다. 젠더를 바꾸려는 그들의 선택 때문이 아니었다. 나를 흔들어놓았던 것은 뚱뚱한 여자로서 직면하는 편견에서 벗어나기 위해 여성임을 포기하겠다는 인터뷰이의 확고한 목표였다. 그 일은 우리 문화에서 뚱뚱한 여성으로 살아가기 위해 내가 취했던 모호함과 둔감함을 완전히 깨뜨렸다. 나아가 뚱뚱한 여성이 매일 겪는 젠더 모욕과 학대의 현실을 확연히 일깨워주었다.

뉴욕 시립대학교 로스쿨 교수인 야스민 소카 하기 Yasmin Sokkar Harker는 2015년, 널리 언급되는 비만 차별에 관한 주석 달린 법정 기록 참고목록을 출간할 때 '비만인 차별을 성차별' 섹션에 포함시켜야 할 필요성이 있음을 깨달았다. 서문에서 야스민 소카 하커는 이렇게 썼다. '비만 여성은 여자답지 않다고 간주되는 동시에, 가족과 고용주, 건강 전문가로부터 추가적으로 낙인 찍히는 것을 감수한다.' 딱딱한 법정 판결문으로 인해 엄중하고 심각한 상황이 교묘하게 축소되지만, '여자답지 않다'는 표현은 결정적인 용어다.

앞서 길게 지적했듯이 현재 우리 문화에서 여자가 뚱뚱하면 '여자'로서 잘못하는 것이다. 그 증거는 여성 혐오 즉, 비만 여성들은 마른 여성보다 형사상 절차에서 유죄가 될 가능성이 더 높고, 마른 여성 및 거의 모든 남성보다 저임금을 받을 가능성 역시 높다는 사실을 보여주는 조사 결과에 있다. 게다가 비만 여성은 일터에서도 고용과 승진 과정에서 번번이 크고작은 편견과 맞닥뜨린다.

남성 비만은 반드시 남자로서 잘못하는 것은 아니다. 다만 그의 지방이 여성성과 관련 있는 패턴으로 나타난다면 확실히 '남자'로서 잘못하는 것이다. 적어도 1980년대 말 내가 《도시의 예술과 문화》 주간지 뒷장에서 발견한 모든 게이 남성들의 개인 광고에 들어가 있던 수치스러운 배제의 문구는 '노 팻, 노 펨no fats, no femmes(뚱보 사절, 계집애 같은 상대 사절, 데이팅 사이트에서 게이 남성들이 특정한 몸매, 특히 뚱뚱하거나 여성스럽거나 장애인이거나 HIV 양성인 상대를 배제하는 프레임 안에서 자신들의 욕망을 드러내는 이데올로기─옮긴이)'이었다. 그 두 가지는 서로 별개임에도 많은 게이 남성들이 혐오감을 표현할 때 끊임없이 함께 등장한다는 사실이 그런 편견을 잘 드러낸다.

비만은 성별, 남성다움과 여성다움, 나아가 그 단어에 대해 우리가 갖는 기대를 어그러뜨리는 놀라운 힘을 지닌 것 같다. 뚱뚱하다는 것, 특히 예측하지 못하거나 일반적이지 않은 방식으로 지방을 '갖고' 있다는 것은 섹스와 젠더의 개념을 근본적으로 흔들어놓는다. 이것은 누군가의 행동, 누군가의 느낌, 누군가의 선택이 틀렸다는 의미가 아니다. 말 그대로, 피히에 있는 그 무엇을 잣대로 누군가의 섹스와 젠더가 잘못되었다고 규정하는 것이다.

몇 년 전 나의 팻걸 모임 친구들과 섹스에 관한 대화를 나누던 중 한 친구가 짓궂게 말했다. "우리를 신기하게 쳐다보는 날씬한 여자들은 절대로 모를 거야. 우리 같은 여자들은 날씬한 여자들이 절대 갖지 못하는 재미있는 부위를 갖고 있다는 거 말이야 ."

한바탕 웃고 난 뒤 우리의 대화는 그곳, 뚱뚱한 사람들만이 소유한 이름 없는 신체 부위에 대한 주제로 이어졌다. 상체와 허벅지 안쪽에 툭 튀어나온 부드러운 부위에는 어떤 이름이 어울리는지, 그리고 살쪄서 툭 튀어나온 몸 뒤쪽 부분은 위치에 따라 이름을 다르게 붙여야 한다는 둥 토론을 벌이기도 했다. 우리는 살찐 발등 위로 신발 끈이 지나가는 구두 스타일을 따서 '메리 제인'이라 이름 붙여야 한다고 결론을 내렸다. 그리고 내 남편의 조언에 따라 허벅지 위로 흘러내리는 툭 튀어나온 옆구리 살에는 '헬리패드'(헬리콥터 이착륙지)라는 이름을 붙였다. 남편의 관찰에 따르면 그곳은 무엇인가가 착륙하러 진입하기에 딱 좋은 위치라고 했다.

몇 년 동안 다른 친구들과 비슷한 주제로 대화를 나눠오면서, 나는 축 늘어진 뱃살 같은 부위를 더 긍정적으로 보고 느낄 수 있도록 이름을 붙이는 노력을 해왔다. 의료계는 그 부분을 '에이프런'이라고 즐겨 부르는 것 같다. 우리는 살찐 치골의 경우 특히 우리가 고안해낸, 신랄한 표현들을 강력하게 주장해왔다.

영어 단어 'gut'(내장, 장기라는 의미—옮긴이)과 'cunt' (성기라는 의미—옮긴이)'의 두 가지 용도를 동시에 포함하는 'gnut' 또는 FUPA(Fat Upper Pubic Area의 약자. 살찐 치골의 윗부분이라는 의미—옮긴이)는 너무 의학적이지도 않을뿐더러 성차별이나 비하의 의도도 없다. 다만 치골에 지방이 쌓인 남성들에게도 똑같이 적용하자면 반감을 살지도 모르겠다. 남성의 경우 치골 부위에 살이 찌면 때에 따라, 특히 말랑말랑해졌을 때의 페니스를 더욱 작아 보이게 한다.

뚱뚱한 몸의 살찐 가랑이 사이로 쏟아지는 온갖 악담들

페니스가 작은 비만 남성과 음부가 큰 비만 여성에 대한 정형화된 이미지는 모두 성기에 대한 기대 및 연상과 관련되어 있다. 남성들은 겉으로 봐서 다리 사이에 크고 툭 튀어나온 것이 있어야 이상적이다. 또 여성은 다리 사이에 아무것도 튀어나오지 않아야 한다. 일부 인터섹스(간성 또는 인터섹스는 염색체, 생식샘, 성호르몬, 성기 등 남성이나 여성의 신체 정의에 규정되지 않는 특징을 가진 사람을 말한다─옮긴이)나 트랜스젠더, 성전환한 몸과 마찬가지로 뚱뚱한 몸은 이런 기대들을 뿌리째 흔들고, 많은 사람을 몹시 혼란스럽게 한다.

실제로 여성에게 다리 사이에 튀어나오는 살은 절대로 용납되지 않는다. 특히 옷을 입었을 때 도드라져서는 안 되며, 어떤 상황에서든 평균의 페니스보다 더 크면 안 된다. 남성들은 막강한 페니스나 음낭(그 두 가지의 크기와 강직도는 우리가 알아야 할 모든 것을 말해준다)과는 별개로 반드시 GI 조(바비 인형에 대응하는 미국의 유명한 완구─옮긴이)의 그것처럼 사타구니 윤곽이 뚜렷하고 매끈해야 한다. 그렇지 않은 몸은 잘못된 것이고, 마땅히 그에 상응하는 벌을 받아야 한다. 따라서 그런 사람들은 심지어 제대로 된 생식기도 갖지 못했을 거라는 조롱과 비웃음, 가혹한 농담거리가 되고, 인터넷상에서 저급한 밈이 작동한다.

뚱뚱한 몸에 대한 악담이 살찐 가랑이로 집중되어 쏟아진다. 수세기 동안 호모 포비아와 트랜스 포비아가 우리에게 가르쳐주었듯이, 누군가의 성기와 성적 행동이 올바로 구성되지 않고 잘못되었다고 단언하는 것은 그 사람을 포함해 비슷한 부류를 인류 전체로부터 배제하는 방식이다.

내가 그 점을 주목할 필요가 있다고 생각한 것도 바로 이것 때문이다. 20년 전 그 인터뷰를 되돌아보면 내 인터뷰이는 덜 뚱뚱해 보이려고 하지 않았다. 그에게 비만은 문제가 아니었다. 나는 그 커플이 맥주병 같은 배로 걷던 모습과 윙크와 미소를 따뜻하게 기억한다. 인터뷰 도중 어느 순간에는 자신의 배를 두드리며 섹스 도중 절정을 느끼는 데 유용한 두둑한 뱃살이 있어서 고맙다고 말했다.

그들이 겪는 문제는 동성애도, 섹스 기회도, 비만도 아니었다. 그들의 문제는 뚱뚱한 몸을 가진 여자로 살아가기 힘들게 하고, 끝없이 그들이 잘못하고 있다고 상기시키는 세상에 있었다. 어쨌든 MOC(여성 동성애자 사이에서 남성적인 성향에 가까운)인 여성으로서 세상 편견의 희생양이 될 가능성이 높았다.

부치butch(동성애에서 남성역) 여성들은(그들 한 사람, 한 사람에 게 신의 가호가 있기를!) 이미 잘 알고 있다. 스스로 관습적인 여성성을 버림으로써 우리 문화의 시선에 자신이 '여자로서' 잘못된 존재로 비추어지리라는 사실을 말이다. 내 인터뷰이가 동성애 혐오, 트랜스 포비아, 지방 혐오, 여성 혐오의 사회에서 옴짝달싹하지 못하는 자신을 깨달았을 때 변화를 시도하는 가장 쉬운 길, 스스로 상실을 감수하는 가장 쉬운 길은 외모를 바꾸는 것이었다. 가슴은 그들이 뚱뚱함을 유지하는 한 실패작이라는 것을 확인시켜 줄 뿐이었다.

뚱뚱한 몸이 가르쳐주는 것들,
지위와 권력 너머에 존재하는 어려운 진실

뚱뚱한 외모는 우리에게 많은 것을 가르쳐줄 수 있다고 나는 믿는다. 비만은 가장 적게 순응할 때 가장 심하게 배척당한다. 가부장적 남성중심주의가 작동하려면 신체와 권력의 위계가 필요하다. 이 위계는 신뢰할 수 있는 몸의 형태와 모양, 비율을 요구한다. 한눈에 특정한 신체가 지위와 권력, 권위의 사다리 중 어디에 속하는지 파악할 수 있어야 하기 때문이다.

그러나 무한한 지혜를 가진 자연은 매우 다양한 인간의 신체를 만들어낸다. 신체는 우리의 에고나 욕망, 심지어 문화의 기대치에 응답하지 않는다. 다만 DNA와 생화학의 지시 및 환경, 신비하게도 공유된 경험을 생물학적 경향으로 바꿔주는 후생유전학(유전자의 염기서열이 바뀌지 않아도 염색질의 구조 변화를 일으켜 다음 세대로 전달될 수 있는, 유전이 가능한 형질이나 표현형에 대해 설명할 때 사용되는 개념—옮긴이)에 응답할 뿐이다.

이를 통해 몸은 우리에게 속삭인다. 많은 사람들이 자신의 지위와 권력을 위해 의존하는 구조 밖, 그리고 그 너머에 존재하는 것에 대한 어려운 진실을.

원할 때 원하는 곳에 생기지 않고 원하지 않을 때 원하지 않는 곳에 생기는 지방은, 자기만의 줏대와 소신을 가지고 우리의 믿음을 번번이 거역한다. 어쨌든 본질적으로 더 좋고 더 순수하고 더 다루기 쉬운 것으로 만들어졌으니 우리가 마땅히 (지방에 대해) 힘을 행사해야 한다고 믿는 것을 말이다.

섹스와 젠더, 인종과 계급이 우리 몸속 지방에 대한 구분화와 깊이 얽혀있는 것은 우연이 아니다. 우리는 그런 루브릭(학습자가 과제를 수행할 때 나타나는 반응을 평가하는 기준의 집합, 간단하고 권위적인 규정이나 규칙—옮긴이)을 통해 습관적으로, 언뜻 고의로 우리의 지배를 거역하는 사물 또는 물질을 통제하려고 한다

지방은 우리가 원하는 달콤하고 멋진 것들을 주지 않는다. 씁쓸하지만 우리는 감수할 수밖에 없다. 우리에게는 선택권이 없기 때문이다.

우리 몸에 반드시 지방이 있어야 하고 그렇지 않으면 죽게 된다고? 그렇다면 우리는 지방의 무엇을 믿어야 하느냐고 물을 것이다. 도처에 있지만, 그토록 비협조적으로 우리 의지를 거스르는 이 물질을 어떻게 이해해야 할까? 우리 자신이 어쩌지 못하는데도 품고 있어야만 하는 죽음의 씨앗이라면?

단지 휴머니티의 메타포인가? 아니면 삼각깃발 장

식처럼 늘어진 우리의 이중 턱과 뱃살 안에 더 불온한 무엇이 있단 말인가?

그에 대한 대답은, 19세기 낭만주의의 철학적 단어 감각으로 '숭고함'이라 표현할 수 있을 것 같다. 이 맥락에서 숭고함은 본래보다 더 크고, 누구에게도 통제당하지 않으며, 경이로운 동시에 위험하고, 겸손하면서도 의기양양한 초인의 성격을 지닌 어떤 존재로, 자연계에서 경험할 수 있다.

지방은 우리 안에 존재하지만, 우리 밖에도 있다. 그것은 자연발생적이며 길들여지지 않은 야생이고, 우리는 그것의 통제 불능을 두려워한다. 지방은 우리 의지대로 굴복시키려는 시도를 힘들이지도 않고 흡수해버린다. 그럴 때 우리는 대양이나 우주 전체에 대고 고함을 치고 저주를 퍼부을 수 있지만 셰익스피어가 말한 소위 아무 의미도 없는 '소음과 격노'(《맥베스》 5막 5장에 나오는 구절— 옮긴이)만 만들어낼 뿐이다.

바로 이것이 숭고함의 순간이다. 우리 인간의 속성으로부터 완전히 독립된 자연을 마주할 때 파도처럼 밀려오는 경외감과 두려움의 순간.

그렇다면 이 사물, 즉 지방을 숭고하다고 말하자.

그러므로 우리도 마찬가지다. 이 숭고함을 몸에 지니고 태어나는 순간부터 죽을 때까지.

| 찾아보기 |